KB189398

심정진리의
숲길

심정진리의
숲길

초판 1쇄 발행 2017년 6월 1일

지 은 이 조형국
발 행 인 권선복
편 집 권보송
디 자 인 김소영
전 자 책 천훈민
발 행 처 도서출판 행복에너지
출판등록 제315-2011-000035호
주 소 (07679) 서울특별시 강서구 화곡로 232
전 화 0505-666-5555
팩 스 0303-0799-1560
홈페이지 www.happybook.or.kr
이 메 일 ksbdata@daum.net

값 15,000원
ISBN 979-11-5602-494-1 (03200)

Copyright ⓒ 조형국, 2017

도서출판 행복에너지는 독자 여러분의 아이디어와 원고 투고를 기다립니다. 책으로 만들기를 원하는 콘텐츠가 있으신 분은 이메일이나 홈페이지를 통해 간단한 기획서와 기획의도, 연락처 등을 보내주십시오. 행복에너지의 문은 언제나 활짝 열려 있습니다.

심정문화세계 창건을 위한
새로운 가치관 모색

심정진리의 숲길

삶·기술·예술에 관한 통일사상적 숙고

조형국 지음

도서
출판
행복에너지

추천사

세계일보 평화연구소장 **박정진**

　세계일보 평화연구소는 세계일보의 창간이념社
是, 애천愛天·애인愛人·애국愛國의 가치를 실현하고
자 설립되었습니다. 따라서 평화연구소는 지난 28
년 동안 세계일보의 역할, 즉 한반도 평화와 통일의
견인차 사명과 민족정기의 발양, 도의세계의 구현
에 기여하고자 노력하고 있습니다. 더 밝은 사회와
더 큰 대한민국을 만드는 데 이바지하고자 늘 깨어
있는 연구소가 되기 위해 노력하고 있습니다. 특히
창간이념, 즉 설립자의 통일사상, 두익頭翼사상 연

구와 교육으로 국민통합을 위한 새로운 가치관 모색과 정립에 기여하고자 합니다.

이러한 뜻을 살려 이번에 세계일보 평화연구소에서 근무하고 있는 조형국 박사가 『심정진리의 숲길』이라는 저서를 발간하였습니다. 문선명 총재의 자서전, 『평화를 사랑하는 세계인으로』 읽기를 비롯해 현대문화와 기술문명에 대한 통일사상적 비평을 제시하고 있습니다. 아울러 기술시대에 왜 예술이 구원의 힘이 되는지, 왜 '효孝'와 '심정心情'의 가치가 디지털 문명시대에 소통과 공감의 역사를 일으키는 힘이 되는가 하는 점에 대해서도 차분하게 설명하고 있습니다. 다시 말해, '효정孝情의 가치가 왜 세상의 빛이 되는가' 하는 물음에 대해 통일사상적 숙고의 힘을 보여주고 있습니다. 이러한 저서가 세계일보 평화연구소에서 발간됨을 다시 한 번 축하하고 통일사상의 사회화, 대중화에 기여하기를 바랍니다.

2017년 5월

인문콘텐츠학회 회장 **박치완**

하이데거철학의 권위자 중 한 분인 이기상 교수님으로부터 학위를 받은 조형국 박사가 이번에『심정진리의 숲길』이라는 책을 내놓았습니다. '심정진리心情眞理'란 일반인들에게는 다소 생소한 개념일 수 있습니다. 아시는 분은 아시겠지만, 심정이라는 개념과 심정적 가치는 세계평화통일가정연합을 창시하신 문선명·한학자 총재님의 통일사상, 두익頭翼사상의 핵심 개념이요 가치입니다.

대부분의 한국인들은 아직도 통일교, 가정연합

에 세계평화를 향도할 수 있는 철학사상, 통일사상
이 있다는 사실을 잘 모르는 듯합니다. 저는 프랑스
에서 철학공부를 했고 현재 인문콘텐츠학회 회장을
맡고 있습니다. 학회장으로서 킬러콘텐츠로 대한민
국의 문화영토를 넓히고 대한민국 문화정책의 비전
을 제시하는 데 있어 인문학적 가치의 중요성을 일
깨우는 데 노력하고 있습니다. 제가 평소 리틀엔젤
스예술단과 유니버설발레단의 공연에 대해 깊은 관
심을 가지고 있는 것도 이런 이유 때문입니다. 한류
의 원조, 리틀엔젤스! 창작발레 〈심청〉의 효孝와 심
정心情가치의 세계화!

저는 특히 『심정진리의 숲길』에서 조형국 박사가
기술·문화적으로 위기에 처한 우리의 삶과 현실을
심정적 가치의 재고를 통해 극복할 수 있다는 확고
한 신념에 깊은 감명을 받습니다. 한국문화콘텐츠의
세계화에 관심이 많은 저에게 공동의 사명감도 느끼
게 해주었습니다. 『심정진리의 숲길』을 읽으며 통일
사상의 철학적 면모뿐만 아니라 심정문화예술세계

를 꿈꾸는 가정연합의 이상에 대해 배울 수 있는 좋은 기회가 되었습니다. 향후 학문적 담론의 장에서 이러한 내용들이 많이 논의되기를 소망합니다.

한국하이데거학회와 한국해석학회 등에서 10년 이상 총무이사와 정보이사로 수고해 온 조형국 박사의 책 출간을 다시 한 번 축하드립니다. 이 책에서 강조한 심정의 진리와 가치가 훌륭한 문화콘텐츠를 기획하고 생산하는 데 이정표의 역할을 하리라 확신합니다.

2017년 5월

책머리에

오늘날 우리는 화려한 디지털 기술과 인공지능^AI 이 열어 밝힐 세상에 흥분하고 있다. 제4차 산업혁명이 주도할 새로운 세상을 준비해야 한다며 여기저기서 분주하다.[1]

---

1. 한국사회에서도 과학·기술계에서뿐만 아니라 최근 한국철학회에서 '인공지능의 도전, 철학의 응전'이라는 주제로 학술대회를 가졌다. 크게 두 세션으로 나뉘어 '인공지능의 철학적 문제'(제1세션)와 '인공지능 시대의 기술과 인간'(제2세션)에 대해 집중적인 논의가 이루어졌다. 이 자리에서 '인공 감정을 가지게 되는 로봇과 어떻게 더불어 살아가야 하는가', '인공지능 시대 기술과 인간 소외문제는 어떻게 보아야 하는가', '체화 인공지능과 현상학의 관계는 어떻게 되는가' 등 다양한 철학적, 기술적 문제들이 제기되었다. 이러한 전체 내용을 아우르는 기조강연을 한 이진우 한국철학회장은 "인공지능, 인간을 넘어서다"를 통하여 인공지능을 통한 4차 산업혁명이라는 구호에 현혹되지 말고, 인간에게서 데이터화될 수 없는 것이 무엇인지, 알고리즘의 형식 논리로 환원될 수 없는 고유한 특성이 무엇인지에 대해 진지하게 물어야 한다고 강조했다. 이진우, "인공지능, 인간을 넘어서다", 『인공지능의 도전, 철학의 응전(2017 한국철학회·이화인문과학원 공동학술대회)』, 이화여자대학교 인문관 104, 2017. 3. 17, 1–13쪽 참조.

그런데 다른 한편으로 우리는 심한 우울증과 정서적 허무함을 느끼며 사는 많은 사람들을 만나게 된다. 최근 우리사회의 높은 자살률과 고독사 증가 그리고 각종 폭력의 문제로 우리는 진정 행복한 삶을 살고 있다고 말하기가 머뭇거려진다. 고령화 추세와 저출산 문제로 많은 대책을 마련하고 국가 경제를 걱정하지만 왠지 정책의 진정성이 느껴지지 않을 때가 많다. 무엇이 문제인가? 오늘날 우리들 삶의 세계는 왜 이러한가? 이 땅에서 인간으로서 거주한다는 것의 의미는 무엇인가? 사물인터넷과 인공지능이 제공할 수많은 편리함과 화려한 디지털문명에 빠져 우리는 '심정心情'의 가치, 진정한 소통과 공감의 따뜻함을 느끼지 못하고 사는 것은 아닌가?

지금으로부터 약 120여 년 전 니체가 예언했고 최근에 역사학자 프란시스 후쿠야마는 『역사의 종말』에서 가슴이 없는 육욕주의자들을 언급했다. 근대 이후, 특히 서구인들은 '초월(성스러움)'을 추방하

고 세속에서의 감각적 쾌락과 힘에의 의지를 추구
해 왔다. 그리고 그 결과 지난 20세기를 문명과 야
만의 전쟁역사로 장식해온 인류는 이제 그동안 내
팽개친 '초월'의 가치를 다시 회복해야 함을 절실히
느끼고 있다.

날로 심각해져가는 기후변화, 종교와 테러리즘,
신고립주의, 사회 양극화 등 일일이 열거할 수 없을
정도로 많은 문제들이 우리의 삶을 총체적으로 위
협하고 있다. 이러한 글로벌 위기와 사회문제에 대
해 오늘날 많은 미래학자를 비롯한 지성인들이 환
경학과 경제학 그리고 이 둘을 현실적으로 조정하
고 정책을 입안하여 실행할 수 있는 (생명)정치학을
모색해야 한다고 역설하고 있다.[2]

---

2. 우리사상연구소 편, 『생명과 더불어 철학하기』, 철학과 현실사, 2000. 이진
우, 『녹색사유와 에코토피아』, 문예출판사, 1996; 장회익, 『삶과 온생명』,
솔, 1998; 진교훈, 『환경윤리. 동서양의 자연보전과 생명존중』, 민음사,
1998; 최승호, 『한국 현대시와 동양적 생명사상』 다운샘, 1995. 한국불교
환경교육원 엮음, 『동양사상과 환경문제』, 모색, 1996; 이기상, 「생명의 진
리와 생명학: 지구 생명시대의 생명문화 공동체」, 한국해석학회, 『해석학연
구(제22집)』, 2008년 가을호, 267-303쪽 참조.

무한경쟁과 자본의 논리에 의해 더 많은 희생양을 요구하는 현대문명 속에서 우리는 죽을 자로서의 거주함의 참뜻을 잊고 사는 것은 아닌가? 만물과 인간세상이 상대를 '사랑하면서 기뻐하려는 정적인 충동'인 심정적 가치에 의해 돌아간다는 우주의 원리를 망각하고 사는 것은 아닌가? 오늘날 우리는 현대문명의 위기를 극복하고 보다 나은 삶과 세상을 위한 새로운 생각, 삶의 가치관을 모색해야만 한다. 그렇지 않고는 인류가 공멸할 수도 있다는 불안에서 우리는 자유로울 수 없는 현실을 살고 있다. 인간의 이기심과 소유욕을 제어하고 자연환경과의 공생을 위한 생각과 평화적 삶의 패러다임을 우리는 어떻게 만들어가야 하는가?

우리가 살아온 지난 20세기가 전쟁과 야만의 역사임을 알고 인간 중심의 이성의 역사, 물질문명의 역사로는 더 이상 73억 인류의 평화를 보장할 수 없다는 사태를 일찍이 예감하신 문선명 선생께서는

1992년, 세계 주요 언론인들과 함께한 자리에서 다음과 같은 예언자적 안목을 피력하셨다.

"본인은 밝아 오는 21세기를 정신문명의 시대라고 선포했습니다. 물질문명의 시대는 저물어 가고 있습니다. 우리 세계가 황혼을 걷어차고 다시 살기 위해서는 공산체제의 멸망으로 야기된 이념의 공백을 메워주고, 자멸이 아니면 심판의 날을 기다리는 자유세계를 같이 구출해낼 수 있는 정신적 문예부흥이 일어나야만 합니다. 이는 곧 정신적 인간혁명을 감행할 수 있는 새로운 사상과 이념의 창출이 있어야 함을 말하는 것입니다. 본인은 새 시대 개척자의 사명을 소명 받았습니다. 그것은 21세기를 지향하는 새로운 정신문명의 개척자라는 뜻입니다. 본인은 하나님으로부터 내려 주신 확고한 새로운 시대의 이념을 선포한 바 있습니다. 그 이념이 곧 하나님주의요 두익사상입니다."[3]

---

3. 문선명, 「21세기 언론인의 사명」, 「平和經」, 성화사, 2013, 859쪽.

이러한 예언자적 안목의 필요성과 이 선포내용을 새롭게 학문적으로 디자인해야 하는 오늘이다. '브렉시트'로 대변되는 국가 고립주의와 이기주의 그리고 패권주의 논리는 21세기 다문화시대와 현실을 우울하게 만들고 있다. 우리가 지난 세기 유엔UN이라는 국제기구를 만들어가며 세계평화를 말해온 역사가 결국 강대국 대변의 역사란 말인가?

문선명·한학자 총재께서 가르치신 심정의 철학, 두익사상에 의하면, 하나님과 인간의 본질은 심정에 있으며 그 심정적 관계, 부자父子의 관계로 엮어져 있다. 따라서 서로 사랑과 생명의 그물망으로 연결되어 있으며 이는 만물만상에도 그대로 통한다. 만물만상과 인간이 생명과 평화의 그물망으로 연결되어 있으며 서로서로 '위하여 구조' 속에서 운동, 성장, 발전하게 되어있다.

일생을 '평화를 사랑하는 세계인'으로 살아오신 문선명·한학자 총재의 하나님주의, 두익사상, 통일사상은 21세기 다문화 시대, 상호문화성의 시대를

위한 근본가치관이라 할 수 있다. 이제 우리는 현대
문명이 양산하고 있는 수많은 글로벌 위기들, 즉 기
후변화, 종교와 테러리즘, 난민문제, 사회 양극화
등을 극복하고 의식혁명, 생활혁명을 안내하는 심
정진리의 숲길로 발걸음을 옮겨야 할 것이다. 지난
20세기, 한국 땅으로부터 전 세계로 뻗어나간 심정
진리사건, 즉 심정의 진리와 축복의 정치의 흔적들
을 되새겨 보아야 할 것이다. 그리고 오늘을 사는
우리를 통하여 참사랑의 철학이 더욱 진정성 있게
드러날 때, 세상은 다시 한번 놀라움을 금하지 못할
것이다.

여기에 실린 글들은 선문대학교와 세계일보 그리
고 한국하이데거학회라는 교수들의 모임을 통해 길
어낸 샘물이다. 제1장 『평화를 사랑하는 세계인으
로』 읽기: 통일사상의 관점에서'는 『평화를 사랑하
는 세계인으로』에 대한 통일사상적 숙고: 현대인들
의 삶의 위기를 치유할 수 있는 심정적 가치의 발견'

이라는 제목으로 『말씀과 신학』(선문대학교 신학순결대학, 제14집, 2009)에 실렸던 것이고, 제2장 '현대문화적 삶의 위기와 통일사상의 과제'는 '현대문화적 삶의 위기와 전향 그리고 통일사상'이라는 제목으로 『통일신학연구』(선문대학교 통일신학연구원, 제14집, 2010)에 게재되었던 글이다. 그리고 제3장 '기술시대와 심정적 삶'은 '기술과 심정(기술철학의 정초문제와 통일사상)'이라는 제목으로 『통일사상연구논총』(통일사상연구원, 제14집, 2009)에 게재되었던 글이다. 마지막 제4장 '21세기 심정문화예술시대를 위하여: 유니버설발레단의 창작발레 〈심청〉에 관한 통일사상적 숙고'는 21세기 효孝와 심정心情의 가치를 사회적으로 확산하는 데 기여하는 발레콘텐츠에 대한 비평이다. 이 글을 위해 좋은 사진을 제공해준 유니버설발레단 측에 감사드린다.

　각기 다른 시기와 장소에서 발표하고 게재된 글들이지만 오늘날 거대 자본의 세계 속에서도 심정적 가치와 문화를 회복하고 세계평화를 위한 한국인의 지혜를 모색하고자 하는 문제의식으로 길어낸 생각의 흔적들이다.

이러한 흔적들을 모아 필자는 지난 2011년 『심정 사유의 숲길(예나루)』이라는 제목하에 책을 출판한 적이 있다. 그 책의 미비했던 점을 개정·보완하고 세계일보 평화연구소에서 제5유엔 사무국 유치 운동을 하며 길어낸 생각들을 담아 이번에 『심정진리의 숲길』로 묶어서 다시 내게 되었다.

아직까지는 여러 면에서 부족하고 설익은 필자의 고민과 생각의 흔적들이다. 이 사유의 사태들을 세상에 펼칠 수 있도록 수고해주신 행복에너지의 권선복 대표님께 심심한 감사의 말씀을 올린다. 우리를 우울하게 만드는 일이 많은 세상 속에서도 행복에너지, 긍정에너지를 불어넣어 밝은 세상을 만들어가는 그 의지와 실천에 고마운 마음을 전한다.

일찍이 문선명·한학자 총재님으로부터 777쌍 축복을 받으시고 참부모, 참스승, 참주인의 삶의 가치와 철학을 심정적으로 전수해주신 부모님(조동래 장로, 장영자 권사)께 깊은 감사의 마음을 올린다. 아울러 매일 아침 훈독의 삶으로 시작하시는 장인·장모님(72가정, 故 김덕수 장로, 김자영 권사)께도 감사의 마음을 올린다. 장인어른께서 훈독하시던 목소리는 지금도 귓가에 생생하게 전해온다. 그리고 세계일보에서 만난 박정진 평화연구소 소장님께도 고마운 마음을 전한다. 지난 한 해, 소장님과 함께 일하며 생산해 낸 『메시아는 더 이상 오지 않는다』, 『평화는 동방으로부터』, 『평화의 여정으로 본 한국문화』는 21세기 한국문화의 세계화와 심정문화세계 창건에 철학적 기초를 놓았다는 평가를 받게 될 것이다.

2017년 따뜻한 봄날을 맞아, 사랑하는 송파가정교회 식구님들과 함께 거문도를 찾았다. 여성시대, 해양시대, 한반도 평화시대를 기원하며 우리 모두의 마음을 모았다. 훈독과 명상으로 그리고 기도로.

　　특별히 여수시에 있는 해양교구 김선의 사모님은
거문도 풍경을 그려 우리의 만남을 역사에 남겨주
셨다.

이 모든 정성은 인류를 위해 평화메시지를 주신 분을 닮고자 하는 마음의 표현일 것이다. 무한한 감사의 마음을 올린다.

1992년, 하늘의 손길에 따라 선문대학교 신학대학에서 공부하고 1995년, 문선명·한학자 총재님의 축복해주심(2세 300가정)에 따라 아내 김선향과 세 딸 예원, 예정, 예인과 함께하는 현재의 삶. 모두가 하늘의 은총이고 축복이다. 고마운 인생이다. 앞으로 더 깊고 넓은 심정진리의 숲길을 개척할 것을 새롭게 다짐해본다.

2017년 4월 1일

거문도 해양천정궁에서

저자 삼가 씀

차례

1

『평화를 사랑하는
세계인으로』읽기

: 통일사상의 관점에서

『평화를 사랑하는 세계인으로』는
무엇을 말하는가

　지금으로부터 120여 년 전 니체가 예언했고 최근
에 프란시스 후쿠야마가 『역사의 종말』[1]에서 언급한
가슴이 없는 육욕주의자! 그들이 '초월(성스러움)'을
추방하고 세속에서의 감각적 쾌락을 추구해온 지난
20세기 그리고 그러한 20세기를 문명과 야만의 역
사로 장식해온 인류는 이제 내팽개친 '초월'을 다시
회복해야 함을 절실히 통감하고 있다. 파괴되어 가
는 생태계, 기후변화, 기계화된 인간, 가정의 해체,

---

1. F. 후쿠야마, 『역사의 종말』, 이상훈 옮김, 한마음사, 2003.

가치관 혼란 등 일일이 열거할 수 없을 정도로 많은 문제들이 우리의 삶을 총체적으로 위협하고 있다. 이러한 삶의 위기와 위험이 전 지구적으로 확산되어가는 오늘날, 필자는 한국인의 지혜로 21세기 인류의 새로운 방향과 갈 길을 제시하는 혜안이 담긴 한 권의 책을 접하게 되었다. 바로 **문선명 선생**의 『**평화를 사랑하는 세계인으로**』.

이 책은 문선명 선생 자신의 삶과 사상의 편린들을 솔직 담백하게 그려내고 있다. 필자는 이 책을 읽으면서 선생의 하늘로부터 소명받았던 어린 시절

부터 생애의 전반에 걸쳐 있었던 중요한 단편들을 읽을 수 있었고 그러한 삶에서 우러나온 선생의 심정과 참사랑의 삶, 즉 '위하여 사는 삶'의 큰 지혜를 배울 수 있었다. 문선명 선생의 심정의 철학과 참사랑의 지혜를 오늘날 현대문화적 삶의 위기 시대에 새로운 한국사상, 한국철학으로서 생각해보며 우리 시대, 지성인의 진정한 역할과 사명이 무엇인지에 대해 다시 한 번 생각해보고자 한다.

현대인들의 삶의 위기

무한경쟁과 자본의 힘의 논리에 바탕하여 더 많은 희생양을 요구하는 자본주의적 삶의 방식 속에서 우리는 '심정적 존재'로서의 인간의 삶의 의미를 잊고 사는 것은 아닌가? 과학기술만능시대, 배금주의 그리고 실증주의적 사고방식에 물든 수많은 현대인들은 과학적 신앙이 종교적 신앙의 자리를 대체한 삶의 물결 속에서 거주함의 참뜻을 잊고 사는 것은 아닌가? 존재중심(無 제거), 이성중심(영성 배제), 인간중심(자연 도구화)에 토대를 둔 서구 근·현대문명의 연장 속에서 펼쳐지는 오늘날, 우리들의 일상적 삶의 모습은 어떠한가? 21세기 새로운 디지털문명과 삶의 질을 운운하며 많은 사람들이 관심을 기울이고 있는 바는 무엇인가?

많은 트렌드 전문가들은 오늘을 사는 우리들의 욕망의 지도를 **스마트**(친절한 테크놀로지), **청춘**(시간의 멋진 역주행), **커넥팅**(따뜻한 네트워크), **체험**(날것에의 매혹), **위로**(내 마음속의 보호막), **레벨 업**(더 사치스런 일상), **크로스 브리딩**(교배하는 세상) 등으로 보여주고 있다.[2] 하지만 이러한 욕망의 지도에 대한 분석들은 우리들의 몸의 욕망과 그 욕망을 채워줄 수 있는 기술과 상품들의 세계만을 보여주고 있는 것은 아닌가?

오늘날 우리들의 삶의 세계는 날로 새롭게 진화해가는 디지털기술과 몸의 욕망의 환상적인 랑데부에 의해 펼쳐진 일상이라 할 수 있다. 이러한 일상적 삶 속에서 많은 사람들은 물질주의와 소비주의 그리고 향락주의의 물결 가운데 몸의 욕망을 충족

---

2. 김경훈, 『대한민국 욕망의 지도』, 위즈덤하우스, 2006, 50~57; LG 경제연구원, 『빅뱅퓨처(LG경제연구원 미래 보고서)』, 한국경제신문, 2016 참조.

시키는 데 허덕이며 살아가고 있다. 그 결과 진정한 웰빙은커녕 각종 질병과 인간성 위기, 그리고 삶의 품위의 상실, 성윤리의 실종과 가정의 해체가 증가하는 세상이 연출되고 있다. 이러한 시대적 분위기를 전환시키기 위해 문선명 선생은 근본적으로 다음과 같은 입장을 취하고 있다.

"마음을 맑게 닦으려면 세상과 떨어져서 나와 내 마음, 단 둘이 대면하는 시간이 반드시 있어야 합니다. 무척 외로운 시간이기는 하지만 마음과 친해지는 순간이야말로 나 자신이 마음의 주인이 되는 기도의 자리이며 명상의 시간입니다. 주위의 소란스러움을 물리치고 생각을 차분하게 가라앉히면 마음속 가장 깊은 곳이 보입니다. 마음이 가라앉는 그 깊은 자리까지 내려가기 위해서는 많은 시간과 공력을 들여야 합니다. 하루아침에 이루어지는 일은 없습니다." [3]

---

3. 문선명, 『평화를 사랑하는 세계인으로』, 김영사, 2009, 258쪽.

"어른들의 불륜과 문란한 성도덕은 가정을 파괴하고 아이들을 망칩니다. 불륜과 문란한 사생활은 아이들의 생명을 죽이는 일입니다. 현대사회가 물질적으로 풍요로운 만큼 행복하지 못한 것은 모두 가정이 망가진 탓입니다. 가정을 구하기 위해서는 먼저 어른들이 반듯하게 살아야 합니다." [4]

필자는 위에 인용한 문선명 선생의 인간 이해와 가정관을 한마디로 '근원으로 돌아가기'로 표현할 수 있다고 생각한다. 인간의 근원, 즉 마음의 발견과 참가정의 회복 말이다. 많은 현대인들은 물질적 풍요와 가정의 해체, 가치관의 혼란 속에 사실은 심정적 존재로서의 가치를 상실한 채 칠흑같이 어두운 삶을 살아가고 있다. 인간은 결코 물질적 가치로만 잘 살수 없다. 문선명 선생에 의하면, 인간은 참된 가정 속에서 참된 인간으로 성장할 수 있다. [5]

---

4. 문선명, 같은 책, 235쪽.
5. 문선명, 같은 책, 5장(참된 가정이 참된 인간을 완성한다) 참조.

현대문화적 삶의 위기와
최후의 인간

필자가 이 책, 『평화를 사랑하는 세계인으로』를 읽으면서 줄곧 한 생각이 있다. 그것은 바로 문선명 선생의 삶의 모습과 철학에 비추어보면, 오늘날 현대인들의 삶의 세계에서의 (이기적) 개인주의와 왜곡된 성性문화 그리고 기후변화 등 다양한 삶의 위기들은 결국 하나님과의 관계 상실, 즉 인간의 본연의 가치를 잃어버린 삶의 모습들이라는 점이다. 이를 현대인들의 '고향本鄕 상실의 삶'이라고 명명해 볼 수 있을 것이다. 삶의 중심가치, 심정의 고향을 잃어버린 채 오로지 물질적 가치만을 성공의 척도로 삼은 결과 아니겠는가.

이렇듯 고향을 상실한 현대인들에 대해 필자는 '최후의 인간'이라고 불러본다. 물론 이 용어는 니체에 의해 사용되었으며 최근에는 프란시스 후쿠야마가 『역사의 종말』에서 니체를 인용하여 썼던 용어이기도 하다. 그렇다면 역사의 종말기에 나타나는 최후의 인간은 어떠한 인간을 말하는 것인가? 막스 베버(Max Weber. 1864~1920)는 '엄청난 문화발전의 최종단계에 기계화된 화석인간'이 나타날지도 모른다고 말한 바 있다. 그가 말한 화석인간은 정신이 없고 감정이 없는 육욕주의자를 뜻한다. 베버는 인류 문명 발전의 마지막 단계에 정신이 없는 전문가, 감정이 없는 육욕주의자가 나타날 것이라고 보았던 것이다.

올더스 헉슬리 역시 『멋진 신세계』에서 이처럼 감정이 없는 육욕주의자들을 비슷하게 그린 적이 있다. 거기에 나오는 사람들은 "우리는 행복을 발견하였다.", "우리는 행복하다."를 외치며 그러한 착각

속에서 살아가고 있다.[6]

　이것이 오늘날 우리 사회와 어떤 관련이 있는가? 우리 한국사회도 이제 비슷한 길로 접어들어 가고 있는 것 같다. 우리 사회의 많은 사람들이 소위 가치 있는 것들로 건강, 외모, 쾌락, 정력을 얘기하고 있다. 성형외과를 찾아가 몸 전체를 뜯어고치고 있으며, 다이어트산업이 불황을 모르고, 비싼 화장품이 잘 팔리는 등 오직 외적인 것에만 신경을 쓰며 외적인 것으로 사람들의 관심을 끌려고 하는 분위기가 드세다. 『소유냐 존재냐To Have or To Be』에 나타난 에리히 프롬의 고민[7]이 무색할 정도로 마치 누군가에게 먹히기를 바라는 것처럼 몸–가꾸기에 열중하고 있다.

　이러한 상황에서 우리들도 니체가 예언한 '최후의 인간'과 같은 삶을 살고 있지 않다고 누가 장담할 수

---

6. 올더스 헉슬리, 『멋진 신세계』, 이덕형 옮김, 문예출판사, 1998 참조
7. 에리히 프롬, 『소유냐 존재냐』, 최혁순 옮김, 범우사, 1988 참조.

있겠는가. 우리의 삶을 지탱해주고 건강하게 받쳐주는 근원적인 관계를 상실한 '최후의 인간'들은 이제 다시 **'심정의 가치'**를 발견하고 위하여 사는 **'참사랑의 삶의 길'**을 모색할 때, 인간의 품격을 회복하고 새로운 희망의 역사를 써갈 수 있을 것이다.

일찍이 독일의 시인 횔덜린은 "위험이 있는 그곳에 그러나 구원의 힘도 함께 자라고 있다."고 했다. 그렇다면 오늘날 이 궁핍한 시대에 구원의 힘은 어디로부터 자라고 있는가? 오늘을 사는 우리들의 심정적 허무함을 달래고 우리가 꿈꾸는 시대를 위한 철학의 힘, 가치관의 정립은 어디에서 구해야 하는가?[8]

---

8. 오늘날 한국사회에서는 이러한 문제의식을 공유하고 대한민국의 새로운 역사를 써갈 미래인재들을 양성하며 국가 발전의 단계 단계마다 문화, 사상, 철학의 힘이 중요하다는 점을 강조하는 담론들이 쏟아져 나오고 있다. 이러한 담론들은 중진국 패러다임에 갇힌 대한민국을 극복하고 선진 대한민국으로 창조적으로 도약하기 위해서는 반드시 요구되는 시대적 과제이다. 최진석, 『탁월한 사유의 시선』, 21세기북스, 2017 참조.

21세기, 왜 통일사상인가

필자가 지금까지 이야기한, 현대문화적 삶의 위기들은 한마디로 이성중심, 존재중심, 인간중심의 세계관 속에서 계몽의 빛만을 자랑하며 일체의 '초월'의 가치를 배제하려고 애써온 (서구)지성사의 결과이다. 세속도시적 삶을 세련되게 가꾸는 데 온 힘을 쏟은 현대인들은 아이러니하게도 오히려 자기상실, 가정의 해체 그리고 환경문제로 육체적·정신적 고향을 상실해 가고 있다.[9]

이러한 상실자, 소외자, 방랑자들에게 통일사상은 심정의 하나님과 심정적 존재로서의 인간의 관

계 회복, 그리고 관계 회복을 통한 심정적 삶과 가
정의 건설로 이어져 평화세계로 되돌아갈 수 있는
이정표의 역할을 하고 있다.

끝으로 필자는 『평화를 사랑하는 세계인으로』에
나타난 문선명 선생의 평화사상을 선생의 통일사상

---

9. 신상희 박사는 이러한 현대인들의 고향 상실의 사태에 대해 다음과 같이 진
단한다. "이미 자연의 질서를 철저히 파괴하여 지배하고 있을 뿐만 아니라
인간생명의 존엄성 및 인간의 가장 고유한 본질마저 여지없이 파괴하는 극
단적인 위험의 상태로 나날이 치닫고 있다."고 보며 "그렇기 때문에 무사
유無思惟에 빠진 기술문명의 망각된 눈을 근본적으로 일깨우는 일이야말
로 대지 위에 인간이 인간으로서 참답게 살아가며 본연적인 삶의 터전을 보
존하기 위한 이 시대의 가장 절박한 요구이자 과제"라고 강조한다. 신상희,
『하이데거와 신』, 철학과 현실사, 2007, 12–13쪽.
필자는 하이데거 철학에 대한 깊은 통찰에 바탕하여 인간 거주함의 참뜻을
찾음과 동시에 성스러움의 가치를 새롭게 회복해야 한다는 신상희 박사의
통찰에 전적으로 동의하며 통일사상에서의 심정의 하나님 이해와 참사랑의
가치관은 현대문명의 수많은 문제들, 즉 환경, 인간소외, 경제적 성장과 분
배 등에 대한 근본적인 치유의 가르침이 된다고 생각한다. 다만 오늘날 통
일사상연구자들이 이러한 근본적인 가르침의 내용을 기반으로 하여 각각의
현실적인 문제들에 대하여 오늘날 다양한 학문세계에서 나오는 새로운 목
소리를 경청하는 가운데 구체적이고 실천적인 차원에서 대화하고 응답하려
는 노력을 적극적으로 활성화할 때, 통일사상연구의 새로운 지평이 열리고
그러는 가운데 자연스럽게 심정진리의 부름에 제대로 응대하는, 심정사유
의 꽃을 피워갈 수 있을 것이다.

| 제1장 |

[10]과 연관하여 다시 한 번 생각해 보며 21세기에 왜 통일사상이 현대인들의 삶과 문명의 위기를 치유할 수 있는 지혜가 되는가를 피력하고자 한다.

문선명 선생께서는 하나님의 본질을 **심정**이라는 개념으로 붙잡았다. 그리고 우리가 사는 현실의 온갖 문제들에 대한 해답으로 **심정과 참사랑의 논리**를 찾으신 것이다. 더 나아가 그 논리대로 사시는 모습을 우리들에게 삶의 실천을 통하여 보여주셨다. 그래서 그렇게 사시는 **문선명 선생의 삶의 철학**이 곧 **통일사상**인 것이다.[11] 보이지 않던 하나님의

---

10. 선문대학교/통일사상연구원, 『통일사상요강(두익사상)』, 선문대 출판부, 2007 참조.(이하 『통일사상요강』으로 표기)

11. 다음 그림에서 알 수 있듯이, 필자는 문선명 선생의 통일사상을 선생의 16세 때 예수님과의 영적인 만남 사건 이후 전개된 심정진리(체휼)사건에 그 뿌리를 두고 있다고 생각한다. 따라서 문선명 선생의 통일사상을 제대로 이해하기 위해서는 이 심정진리(체휼)사건에 대한 심정적 이해가 수반되어야 할 것이다. 자고로 깊은 사상과 철학적 사유의 뿌리에는 이러한 진리사건이 내재되어 있다. 철학사에 잘 알려진 비근한 예로 우리는 파스칼의 결정적 회심 사건을 들 수 있을 것이다. 파스칼이 성령의 뜨거운 불을 받은 사건을 참조해보며 우리는 문선명 선생의 심정진리(체휼)사건이 갖고 있는 철학적 내지 종교적 의미를 되새겨 볼 수 있을 것이다. 안병욱, 『빠스깔사상(안병욱전집11)』, 삼육출판사, 1990, 128~129쪽에서 인용.

불

아브라함의 하나님, 이삭의 하나님, 야곱의 하나님.

철학자 및 식자의 하나님이 아니다.

확실, 확실, 감지, 환희, 평화.

예수 그리스도의 하나님.

나의 하나님, 즉 너희들의 하나님.

너의 하나님은 나의 하나님이 되리라.

하나님 이외의, 이 세상 및 모든 사물에 대한 망각.

신은 복음에 표시된 길에 의해서만 발견된다.

인간의 혼의 위대함이여.

의로운 아버지시여, 세상은 당신을 전혀 알지 못하여도 저는 당신을 알았습니다.

환희, 환희, 환희, 환희의 눈물.

나는 그에게서 떠나 있었다.

생수의 원천인 나를 버렸도다.

나의 하나님, 어찌 저를 버리시나이까.

원컨대 나는 영원히 그에게서 떠나지 않겠다.

영원의 생명은, 유일의 진정한 하나님이신 당신과, 당신이 보내신 예수 그리스도를 아는 데 있다.

예수 그리스도.

예수 그리스도.

나는 그에게서 떠나 있었다. 나는 그를 피하고, 버리고 십자가에 못 박게 하였다.

원컨대 나는 절대로 그에게서 떠나지 않겠다.

그는 복음에 표시된 길에 의해서만 보존된다.

일체를 흔연히 포기할 것.

심정이 억제할 수 없는 충동으로 인해 창조의 신비로 나타나고 지금도 그 창조의 수고는 계속되고 있듯이, 이제 우리들의 심정이 활활 타올라서 21세기를 위한, 후천시대를 위한, 인류가 혼돈 속에 그토록 염원하던 심정문화, 효정孝情 문화시대를 개문하는 **생각**을 잉태해야 할 때가 바로 지금이다. 새로운 시대를 예비하는 소수의 노력, 그 피와 땀으로 역사는 희망의 역사로 이어지는 것이 아니겠는가. 나의 마음 깊은 곳에, 우리의 삶 속에 와—닿아 폭발하고 있는 하나님의 심정을 사건화시켜 바깥으로 드러내야 할 때가 왔고 그것이 곧 우리의 시대적, 학문적 사명이 아니겠는가. 필자는 바로 그러한 우리의 시대적, 학문적 과제를 **통일사상연구**라고 본다.

　엄청난 전환기적 시대를 맞아 전 세계가 거대한 소용돌이 속에서 뒤넘이 치면서도 생각하는 사람들

예수 그리스도와 나의 지도자에 대한 완전한 복종.
지상의 시련의 하루에 대한 영원한 환희.
나는 당신의 말씀을 잊지 않겠습니다. 아멘.

에 의해 생명사건학(김지하)이니 은닉사건학(롬 바흐) 혹은 존재사건학(하이데거)이라는 이름으로 탈중심시대에 중심잡기를 하려는 노력들이 보인다. 하지만 각각 시대적, 공간적인 한계로 인해 동서통합적인 큰 사유의 틀에서 부족한 점을 드러내고 있는 것이 사실이다. 그러한 부족한 점들을 메우기 위해 고민하는 이들은 또다시 노력할 것이다. 그러한 다양한 노력들은 참된 삶을 지향하는 학문적, 실천적 노력들이다.

그런데 문선명 선생의 통일사상의 입장에서 볼 때, 참된 삶은 성상적 가치와 형상적 가치가 조화 통일을 이루는 데서 가능하다. 몸(형상적 가치)만 가꾼다고 해서 웰빙이 되는 것이 아니다. 마음과 영성의 **새로운 부활, 심정적 가치의 발견**이 함께 이루어져야 한다. 인간은 심정적 존재이기 때문이다. 몸과 마음의 세계, 과학과 종교적 가치의 조화를 지향하는 통섭적 관점에서 과학적 사실을 기술하면서도 형이상학적 사색이 균형 있게 어우러진 學問, 문선명 선생의 통일사상을 창조적으로 새롭게 구성해내야 하는 일은 문선명 선생의 심정진리의 맛을 먼저 본 사람들의 역사적인 사명일 것이다. 앞으로 생명과 평화 그리고 하나님靈界에 관한 모든 담론들은 통일사상의 '심정'개념을 둘러싼 거인들(사유가)의 대결이 될 것이다.

심정체휼사건이 일어나고 있는 심정적 존재로서의 **인간의 출현**은 인류의 마지막 구원의 가능성이며 우주진화의 꽃이다. 심정적 인간은 자신의 내부에서 하나님을 발견하고 그 발견한 하나님의 **의미**를 겸허한 마음으로 서로서로 나누면서 심정적 삶을 사는, 철든, 삶을 제대로 아는 사람인 것이다. 문선명 선생은 바로 그러한 참사람, 참사람으로 구성된 참가정, 참가정의 회복으로 평화세계를 이루시려고, 90 평생을 끝없는 박해와 시련에도 굴하지 않고 당당하게, 큰 생각과 행동으로, 평화를 사랑하는 세계인으로 살아오신 것이다.

2

현대문화적 삶의
위기와 통일사상

현대인의 나약함은 바로 시대 운명의
진정한 모습을 바라볼 수 없는 무능력에 있다.(M. 베버)

창조본연의 인간들로 구성되는 사회에 있어서는
知的, 情的, 義的 활동의 원동력이
심정이요, 사랑이기 때문에 학문도 예술도 규범도
모두 심정이 그 동기가 되고
사랑의 실현이 그 목표가 된다.
그런데 학문분야, 예술분야, 규범문화의 총화,
즉 인간의 지적, 정적, 의적활동의 성과의 총화가
바로 文化(文明)인 것이다.(『통일사상요강』, 70쪽)

현대문화적 삶의 현주소와
심정적 가치의 발견

이 장(현대문화적 삶의 위기와 통일사상)에서 필자는 앞서 평화를 사랑하는 세계인으로 살아오신 문선명 선생의 삶과 철학이 다름 아닌 통일사상이라 보고 이 통일사상의 관점에서 지난 20세기를 통해 전 세계로 퍼져나간 서구(근·현대)적 삶의 논리와 문법이 왜 결국 허무주의 문화로 전락될 수밖에 없었는가에 대해 분석해 보고자 한다. 더불어 많은 지성인들이 앞으로 우리가 살아가야 할 21세기를 생명과 영성의 시대, 즉 새로운 평화패러다임의 시대로 가야 한다고 보는 것에 대해 통일사상의 입장에서 모색해 보고자 한다.

필자의 이러한 문제의식은 우리가 살고 있는 이 시대가 절실히 요구하는 학문적 그리고 생활세계적 사태Sache이기에 이에 대해 많은 과학자, 철학자들뿐만 아니라 종교인, 미래학자들이 통섭적 연구를 통해 다양한 응답을 내놓고 있는 실정이다. 한국에서도 조금 늦은 감이 있지만 지난 1990년대 초반부터 다양한 생명과 환경철학 그리고 영성과 평화철학 논의를 통해 21세기를 위한 새로운 삶의 철학, 평화패러다임을 모색하려는 운동이 활발히 일어나고 있다.[1] 이와 같이 전 세계의 많은 지성인들이 21세

---

1. 한국 철학계에서도 많은 사람들이 21세기 제일철학으로 생태철학 혹은 생명철학을 들고 있다. 철학이 우리의 삶과 밀접한 연관이 있음을 생각할 때, 지금 우리 시대의 핵심문제가 바로 생태계문제요 생명문제이며 더 나아가 평화의 문제인 것이다. 그리고 이러한 문제의식과 연계되어 그동안의 서양철학에서 말한 이성적 존재, 다른 존재자들의 주관자로서의 인간 이해에서부터 벗어나고자 하는 움직임이 일어나고 있다. 그동안의 이성적 존재에서 비롯되는 인간중심주의에서 생태중심주의 혹은 생명중심주의로 전향이라는 문제의식은 많은 공감을 얻고 있다. 이러한 문제의식을 바탕으로 주체적으로 사유함을 통하여 그동안 서양에서의 생명과 평화담론뿐만 아니라 동양에서의 생명과 평화담론을 소개하고 새롭게 써가고자 하는 통섭적 시각이 많이 보이고 있다. 김형효, 『평화를 위한 철학(김형효 철학전작1)』, 소나

기를 위한 새로운 생명의 철학, 평화의 문화를 모색해 가고 있는 오늘날, 통일사상을 연구하는 우리들은 어떠한 學적인 구성작업을 통해 세상과 대화하고 또 그들을 설득할 수 있을 것인가? 사상은 그 시대의 아들일 수밖에 없으며 삶의 온갖 문제와 씨름하는 가운데 잉태되는 정신적 노작勞作임을 상기해 본다면, 오늘날 통일사상연구자들 역시 21세기라는 실존적 상황이 제공하고 있는 기후변화와 평화의 문제, 인간성 상실과 더불어 현대문화에 짙게 깔려 있는 허무주의적 분위기를 극복할 수 있는 대안 모색과 새로운 심정문화운동을 수행해야 할 것이다.

이러한 문제의식 아래 필자는 지난 20세기 한국 땅에서 **문선명·한학자** 총재에 의해 잉태된 말씀과 실천의 내용을 **심정진리사건**이라 규정짓고 그 심정

무, 2015; 우리사상연구소 편, 『생명과 더불어 철학하기』, 철학과 현실사, 2000; 이기상, 『다석과 함께 여는 우리말 철학』, 까치, 2004; 박정진, 『평화는 동방으로부터』, 행복한에너지, 2016; 『평화의 여정으로 본 한국문화』, 행복한에너지, 2016 참조.

이라는 개념이 함의하고 있는 생명철학, 평화문화적 성격을 부각시켜보고자 한다.[2] 이러한 큰 담론을 구성하기 위해 먼저 1. 지난 20세기를 반성해 보는 계기로서 니체와 허무주의에 대해 생각해 보고자 한다. 지난 과거에 대한 반성 없이는 새로운 미래를 생각할 수 없듯이 우리가 살아온 20세기 현대문화가 왜 허무주의 문화로 전락할 수밖에 없었는가에 대해 되돌아보고자 한다. 그리고 20세기 현대문화가 지니고 있는 **허무주의의 뿌리**에 대해 이론적 고찰을 시도해보고자 한다. 그러한 이론적 고찰에서 필자는 니체와 더불어 20세기 현대문화 상황을 결정지은 세 이론가, 즉 마르크스K. Marx, 다윈C. Darwin 그리고 프로이드S. Freud에 대해 논구하고자 한다. 다음으로 2. 허무주의를 극복할 수 있는 새로운 전향轉向을 위한 힘과 지혜를 통일사상의 입장에서 논의

---

2. 필자는 문선명·한학자 총재의 말씀과 (평화)운동을 아울러 심정진리사건이
   라고 본다. 이는 하나님의 심정이 총재님 양위분을 통하여 현실세계에 사건
   으로 드러남에 주목하여 표현한 용어이다. 따라서 통일사상도 심정진리사
   건에 포함되며 심정사상, 심정철학이라 명명할 수도 있다고 본다.

해보고자 한다. 특별히 심정적 존재(心情的 存在)로서의 인간의 사유와 생활의 힘으로서의 훈독문화(訓讀文化) (뜻 새기는 사유의 삶의 방식)가 지니는 시대적 의의와 심정적 삶과의 영향연관에 대해 고찰하고자 한다. 마지막으로 3. 통일사상이 지향하는 3대 축복의 삶의 방식을 통한 심정문화세계 창건이야말로 21세기 인류가 지향해야 할 문화적 지향점이며 이 시대 통일사상연구자들의 사유를 결집시켜야 할 궁극적 사태임을 역설할 것이다. 오늘날 통일사상연구자들은 심정사건의 진리(심정사건학)가 제시하고 있는 이 시대를 위한, 미래문명을 위한 예언자적인 통찰에 대해 다시 한 번 주목해야 할 것이다.

2

현대문화적 삶(허무주의)의 뿌리

1) '신은 죽었다(Gott ist tot)'

필자는 그동안 서구를 통해 전 세계로 영향을 미친 현대문화적 삶의 세 축을 **개인주의**와 **성해방의식** 그리고 **인간중심**의 문화로 본다. 그런데 이러한 소외와 폭력의 문화적 성격을 배태한 현대문화적 삶의 방식은 통일사상의 입장에서 보자면, 바로 하나님의 **3대 축복의 가치**를 잃어버린 결과이다. 우리가 이 세 가지 삶의 가치의 공통점을 잘 생각해보면 알 수 있듯이 현대문화적 삶은 한마디로 神을 쫓아내버린, 하나님이 떠나버린 세속도시적 삶의 추구이다.

서양철학사적으로 볼 때, **허무주의의 뿌리는 신의 죽음**과 깊은 관련이 있다. 니체F. Nietzsche는 '신의 죽음'이라는 사태Sache를 다음과 같이 서술한다.

"만약 신들이 존재한다면, 나는 내가 신이 아니라는 사실을 어떻게 참고 견뎌낼 수 있겠는가! 그러니 신들은 존재하지 않는다. 실로 나는 이 같은 결론을 끌어냈다. 이제는 그 결론이 나를 끌고 간다. 신은 일종의 억측이다. 그러나 그 누가 이 억측이 일으키는 번민 모두를 마시고도 죽지 않을 수 있으랴? 창조하는 자에게서 신념을, 독수리에게서 높이 날 수 있는 비상의 자유를 빼앗아야 하는가? 신이란 올곧은 것 모두를 왜곡하고, 서 있는 것 모두를 비틀거리게 만드는 하나의 이념일 뿐이다."[3]

---

3. F. 니체, 『권력에의 의지(Der Wille zur Macht)』, 강수남 옮김, 청계, 1986, 141~142쪽.

허무주의는 사실 서서히 보이지 않는 마수를 오래 전부터 뻗쳐왔다. 허무주의의 마수가 효력을 발휘하기 위해서는 제일 먼저 신을 쫓아내야 한다. 신을 우리의 일상생활 안에서 쫓아내야만 한다. 하이데거M. Heidegger에 의하면, 니체는 서양 형이상학사에서 근대 형이상학의 마지막 완성자이다.[4] 사실 서구 근대화의 전 과정이 이미 신을 서서히 목 조르면서 죽여 온 역사적인 과정이었다. 아니 중세 때 이미 신을 위한 교수대(단두대)가 마련되었다고 할 수 있다. 그것은 바로 토마스 아퀴나스T. Aquinas가 신 존재 증명을 위한 다섯 가지 길이 있다고 했을 때 이미 시작되었던 것이다. 그때 그는 이미 다섯 개의 신의 관을 짜고 있었던 것이다. 신 존재 증명을 위한 다섯 가지 길. 그것은 역으로 만약 그 다섯 가지 길이 잘못된 길이든 아니든 그 길로서 신을 증명할 수 없

4. M. Heidegger, Nietzsche I, II, Neske: Pfullingen, 1961; "Nietzsches Wort 'Gott ist tot'", Holzwege (GA5), Vittorio Klostermann: Frankfurt a. M., 1977; "Die Zeit des Weltbildes", Holzwege (GA5), Vittorio Klostermann: Frankfurt a. M., 1977 참조.

다고 한다면 신은 존재하지 않는 것이 된다. 서구신학에서 인간의 이성을 총동원하여 마련한 신 존재 증명을 위한 다섯 가지 길, 그러나 그런 방식으로는 신 존재 증명을 할 수 없다는 것이 칸트 이후 공공연한 이해가 되어버렸다.

사실 토마스 아퀴나스 자신도 말년에 자신이 신에 대해 쓴 그 모든 것이 쓰레기에 불과하다고 개탄하지 않았던가. 하나님과의 합일이라는 영적 체험을 한 뒤 그는 자신의 평생의 신학자로서의 모든 노력이 헛되었음을 고백했던 것이다.

바로 이렇게 중세 자체가 신에게 접근할 수 있는 유일한 길로 이성적인, 합리적인 길만을 생각했던 것이다. 다시 말해, 오직 이성적인 길, 합리적인 길, 논리적인 길, 계산의 길로만 신에게 이를 수 있다고 여겼던 것이다. 중세 자체가 소위 말하는 앎과 믿음, 그 둘을 결합시킨다고 하면서 모든 믿음을 합리화시키려 노력했던 것이라고 할 수 있다. 그 노력의 결실이 근대에 꽃피게 되고 그것은 결국 신의 죽음의 선포와 더불어 20세기 신 죽음의 신학死神神學으로까지 연결되었던 것이다.

합리화시킬 수 있는 믿음만을 믿음이라 본 것. 머리, 두뇌, 이성으로만 하나님에게 이를 수 있고 경험할 수 있다고 본 것, 그것이 바로 하나님에게로 가는 참된 길을 차단해 버린 셈이 되었다. 하나님에 이르는 다른 모든 길들을 배제하였기 때문에 그 길만을 따라갔는데, 그 길의 끝에 하나님은 없고 고무풍선처럼 부푼 인간의 욕망과 오기만이 떡 버티고 서 있었던 것이다.

2) 마르크스, 다윈, 프로이드와 20세기 현대문화

기독교와 플라톤의 철학(신학)의 만남으로 꽃핀 서양문명에서 신의 죽음이 선포되고, 서양 형이상학의 역사 속에서 存在−神−論적 구성틀Die Onto−Theo−Logische Verfassung der Metaphysik 속에 갇혀버린 하나님은 이제 박제화되어 박물관에 전시된 채 가끔 오는 관람객들을 위한 문화적 액세서리가 되어 버렸다.[5] 이러한 시대적인 물결에 힘입어, 20세기에 들어서는 더욱 거세게 실증주의적 경향 혹은 무신론적 경향이 학문세계뿐만 아니라 생활세계에까지 깊게 침투되었던 것이다. 이를 후썰(E. Husserl, 1859~1938)은 『유럽학문의 위기와 선험적 현상학Die Krisis der europäischen Wissenschaften und die transzendentale Phänomenologie』을 통해 극복해 보려 한 것이다.

이러한 현대문화적 삶의 위기에 대해 20세기 프랑스가 낳은 세계적인 철학자인 폴 리쾨르P. Ricoeur는 다음과 같이 분석한다. 20세기 현대문화적 상황을 결정한 세 사상가는 바로 마르크스, 니체 그리고 프로이드이다. 리쾨르는 이들의 공통적인 학문적 경향을 일컬어 '의심의 해석학Hermeneutics of doubt'이라 부른다.[6] 니체의 허무주의에 관해서는 앞에서 논구

---

5. M. Heidegger, "Die Onto—Theo—Logische Verfassung der Metaphysik", Identität und Differenz(GA11), Neske Pfullingen, 1978, 64~65쪽; 신상희, 『하이데거와 신』, 철학과 현실사, 2007, 127~161쪽 참조.

6. P. Ricoeur, 『해석의 갈등(The Conflict of interpretations)』, 양명수 옮김, 문학과 지성사, 1994 참조.

하였기에 여기에서 필자는 니체 대신 다윈을 함께 생각해 보고자 한다.

찰스 다윈은 단순한 생물학자라고 볼 수 없다. 다윈의 『종의 기원The Origin of Species』의 논리 밑바탕에는 자연선택, 생존경쟁이라는 투쟁을 바탕으로 한 **세계관**(자연관)이 전제되어 있다. 그래서 다윈은 생명도 하나님의 창조에 의한 것이 아니라 생존경쟁에 의해 진화할 뿐이며 따라서 우월한 자가 열등한 자를 지배하게 된다는 논리를 펴고 있는 것이다. 이러한 다윈이즘은 마르크스주의의 길을 안내했던 것이며 또한 인종우월주의까지 야기시켰던 것이다. 이들 마르크스주의, 다윈주의, 프로이드주의는 서로가 서로에게 강한 영향을 미치며 지난 세기 현대문화의 지형을 결정지었던 것이다. 21세기를 살고 있는 지금, 한국의 대학가에서는 아직도 이 마르크스의 방법론과 프로이드 문화이론으로 한국인인 우리의 삶과 인간 읽기 그리고 종교현상마저 난도질하고 있는 풍경이 즐비하다. 이러한 사정은 대학원

석 · 박사과정으로 갈수록 더하니 도대체 우리는 누구의 생각으로 문학과 창작을, 철학과 종교(신학)를 공부하고 있는 것인가?

우리는 이제 통일사상, 즉 심정과 참사랑의 눈으로 지난 20세기의 생각인 이 세 주의의 동질성을 비교, 분석한 다음 한국인의 심정적 삶의 세계를 바탕으로 잉태된 통일사상적 담론구성과 대안을 구체적으로 제시해가야 할 것이다. 통일사상연구원의 초대 원장이었던 이상헌 원장은 20세기 현대문화를 각인한 이 세 주의를 다음과 같이 평가한다.[7]

3) 이성중심/존재자중심/인간중심/서양중심

앞서 살펴본 마르크스, 니체, 프로이드가 20세기 중반까지 맹위를 떨치고 있을 때, 다른 한편에서 서양 철학자들 중에는 그동안 자기네들이 중시해왔던

---

7. 이상헌, 『頭翼思想時代의 到來(공산주의를 초월하여)』, 선문대학교 통일사상연구원, (천안: 선문대학교 출판부, 2001), 172쪽.

	마르크스주의 하나님의 존재 부정	다윈주의 하나님의 창조 부정	프로이드주의 하나님의 참사랑 부정
유물론	인간은 먼저 의식주에 집착해야 한다. 정신은 두뇌의 산물 또는 그 기능이다.	자연환경이 생물을 진화시킨다.	생물학적 유물론 : 리비도(성적 에너지) 이론
투쟁이론	사물은 투쟁에 의해서 발전한다.	생물은 생존경쟁에 의해서 진화한다. (자연선택설)	인간은 모든 여성을 정복하려는 끝없는 욕망의 조종을 받는 존재이다.
인간관	인간은 경제적 이익을 추구하며 서로 적의를 품고 있는 존재로서 지배하거나 지배받는다.	인간은 생존본능에 따라 살아가는 동물이다.	인간은 성적 본능에 조종되는 동물이다.
사회관	인류역사는 계급투쟁의 역사이다. 생산력이 역사 발전의 원동력이다.	인간은 사회에 있어서 우월한 자가 열등한 자를 정복하여 우위에 선다.(사회다윈이즘)	인류역사는 억압의 역사이다. 성적 에너지가 문화의 원동력이다.
해방이론	노동자가 자본가를 타도하여 공산주의 사회를 세운다.	열등 민족은 타도되어 우수 민족의 세계를 만든다.	에로스를 해방하여 에로스적 문명을 만든다. 다시 지혜의 나무 열매를 따 먹어야 한다.

이성에 대해 회의를 느끼며 반대급부인 감성과 광기 그리고 폭력과 성의 역사에 대해 탐구의 열을 올리기 시작한 사람들이 생겼다. 학문적 담론의 장에서도 거침없이 섹스와 광기 그리고 정신병원과 감옥에 대해, 그러니까 그동안 이성 중심의 투명한 사회에서는 빛을 보지 못했던 주제들에 대해 관심을 갖기 시작했다. 그 대표주자들이 바로 프랑스 철학자들인 푸코M. Foucault, 리오타르J. F. Lyotard, 데리다J. Derrida 등이다.

이들을 학계에서는 포스트모더니스트들이라고 하는데 그렇다면 왜 이러한 학문적 경향이 일어났던 것인가? 그것은 바로 위에서 살펴본 마르크스, 다윈, 프로이드뿐만 아니라 20세기까지의 대부분의 철학자들이 소위 말하는 **동일성의 논리, 이성의 권력**만을 중요시했기 때문에 그 반대급부로 부상했던 것이다. 요즈음 '포스트모더니즘'이라 하며 탈근대를 주장하는 사람들이 비판하는 것 중 하나가 바로 이 근대화가 함의하고 있는 **이성 중심**(로고스 중심)의 태도인 것이다. 순전한 합리화 과정, 머리로만 모든 것을 해결하고 냉철한 이성으로 모든 것을 판단하려는 그런 이성 중심, 그리고 그에 따른 인간 중심의 경향을 비판하고자 했던 것이다. 우리는 여기에서 또한 존재자 중심, 더 나아가 서양 중심을 확인할 수 있다.

이렇게 서양의 근대화, 그것은 한마디로 신 내지는 성스러운 것, 신적인 것을 우리의 생활세계에서부터 쫓아낸 뒤 가능했던 것이다. 다시 말해, 근대화의 과정 그것은 곧 세속화의 과정이었고 신 죽임의 과정이었던 것이다. 이에 대해 근대의 마지막 철학자 니체가 '신은 죽었다'라고 선포한 것이다. 허무주의의 뿌리, 그것은 인간에게 여러 가지 많은 능력이 있는데 그 능력 가운데 이성적인 능력만을 극대화시켜 이성적으로 접근할 수 있는 존재만을 유일한 것으로 봤고 그 안에 들어오지 않는 것은 없다고 본 데에 기원한다고 할 수 있을 것이다. 한마디로 서양에서 근·현대의 삶의 문화는 철저히 존재자 중심이며 그 존재이해의 지평 안에 들어오지 않는 모든 것은 제거해버린 '무無 제거의 역사'라고 표현할 수 있다.[8] 그런데 오늘날 그 제거해버린 무가 망령처럼, 유령처럼 우리 주위를 맴돌며 우리 자신을 괴롭히고 있는 것이다. 그것이 바로 **허무주의**이다. 이제 이러한 허무주의적 삶의 문화를 극복할 수 있는 21세기 새로운 문화운동으로서 **통일사상**(심정진리사건)이 함의하고 있는 시대적 의의에 대해 생각해 보기로 하자.

---

8. 이기상, 『다석과 함께 여는 우리말 철학』, 지식산업사, 2003, 특히 303~345쪽 참조.

현대문화적 삶의 위기(Crisis)와 전향(Turning)

1) 21세기 웰빙의 추구와 생명 · 평화에 대한 관심

21세기를 맞아 죽음과 죽임의 문화인 허무주의 문화를 극복할 수 있는 통일사상적 담론모색을 말하기 전에 먼저 일반 학계에서 일어나고 있는 다양한 노력들을 간단히 살펴보기로 하자.

우리가 21세기를 **문선명 선생**의 규정대로, 후천시대, 하나님의 조국과 평화의 왕국이 열리는 시대로 규정하면서 이는 새로운 심정혁명의 시대, 신神문명의 시대라고 주장하면 이상하게 생각하는 사람들이 많이 있다. 과학과 기술이 우리의 운명이 되어버린 오늘날, 무슨 심정이며, 신神문명의 시대인가 하고 반문하는 사람들이 많을 것이다. 기술 혁신이야말로 선진국 반열에 오르는 지름길이며 경제적 이익을 창출하는 경영학적 사고방식에 젖어 통일사상에서 강조하는 **심정적 가치**에 대해서는 냉소적으로 바라보는 사람들이 많이 있다.

그러나 우리가 오늘날 소위 선진국이라는 나라들과 그 나라 사람들의 생활의 깊은 곳을 알고 체험해 보면 형이상학이 없는 민족은 진정한 의미에서 선진국이 될 수 없으며 소위 소울 매니지먼트Soul Management를 모르는 사람은 진정한 의미에서 최고경영자가 되기 어렵다는 것을 알 수 있다. [9] 우리는 겉모양을 보고 좋아하거나 기죽지 말고 사태의 핵심을 꿰뚫어 보고 시대정신을 읽어낼 줄 아는 통찰력을 키워야 할 것이다.

---

9. 하인호, 『소울 매니지먼트』, 일송북, 2008 참조.

우리가 21세기를 심정과 새로운 신神문명의 시대가 될 것이라고 하면 벌써 냉소적으로 생각하는 사람들은 이렇게 말한다. 디지털 기술문명시대에 심정으로 뭘 어쩌겠다는 것인가라고 말이다. 그렇지만 이미 20세기 후반부터 많은 세계적인 지성인들이 인류 구원을 위해 이제 인간은 자기 자신의 능력을 재고再考해야 한다고 이야기해 왔다. 그러니까 '기술과 과학이 극에 달한 현대가 과연 인류에게 행복을 약속해 주고 있는가?', '인류에게 구원을 약속하고 있는가?' 오히려 '기술 문명의 최고점에 올라선 현대에 인간은 삶의 뜻을 찾지 못하고 오히려 자살을 생각하는 것 아닌가?' 하는 삶의 깊은 병에 대해 치유의 손길을 애타게 찾고 있는 것이다.

아이러니하게도 현대일수록 그리고 소위 잘산다는 나라일수록 자살률이 높다. 그것은 인간은 빵이 아무리 많아도 뜻이 없으면 차라리 죽음을 택한다고 한 도스토예프스키의 말이 맞기 때문이다. 비록 자살을 택하지 않더라도 알코올중독, 마약중독, 변

태적인 성적 쾌락을 쫓아 순간순간을 죽여 가는 그러한 삶을 살게 된다. 이것은 20세기 (서구)현대문화적 삶의 세계에서 정신적, 영적인 면을 배제하고 오로지 물질적, 경제적인 면, 즉 돈, 쾌락, 욕망, 소유, 소비 등을 전면에 부각시킴으로 해서 등장하게 된 물질적 번영의 비참상인 것이다.[10]

역사학자 토인비(Arnold J. Toynbee, 1889~1975)는 20세기 세계를 지배하고 있는 유럽문명에 커다란 약점이 있음을 환기시킨 바 있다. 지금 세계를 정복한 듯 보이는 유럽문명은 그 힘을 오직 물질 문명적 측면에서만 길어내고 있다고 말한다. 단지 과학기술로 전 세계의 물질적인 면을 장악하고 있을 뿐, 거기에는 정신적인 원리가 결여되어 있다는 것을 지적하고 있다. 이 정신적인 원리의 결여, 그것이 큰

---

10. Pascal Bruckner, 『번영의 비참. 종교화한 시장 경제와 그 적들(Misère de la prospérité. la religion marchande et ses ennemis)』, 이창실 옮김, 동문선, 2003 참조.

공백을 만들고 있고 그 공백이 '無'라는 망령으로 우리 자신을 괴롭히고 있다는 것이다.[11]

이 무의 망령을 퇴치하기 위해서 우리가 쫓아낸 신적인 것, 성스러운 것을 다시 찾아와야 한다. 그러니까 인간의 능력에는 여러 가지가 있는데 지금까지 인간은 이성적인 능력, 그 중에서도 계산해 내는 능력, 셈할 수 있는 능력, 무언가를 만들어 낼 수 있는 능력, 그래서 눈앞에 세워 가지고 그것을 조종하고 지배할 수 있는 능력, 내 것으로 만들어 쾌락을 도모할 수 있는 능력, 이러한 물질적인 것, 존재자적인 차원만을 극대화시켜 온 것이다. 그러나 그것 외에 인간에게는 다른 능력도 있다. 그 다른 능력이 바로 영성, 이성의 반대급부이며 이성적인 차원에서 접근할 수 없다고 하여 외면하였던 다른 차원으로서의 영성의 차원이다.[12]

---

11. A. J. 토인비, 『역사와 세계와 인류』, 최혁순 옮김, 집문당, 1993 참조.
12. 현대문화를 현대성의 과잉으로 구현된 체제로 보고 현대문화의 특징인 이성중심, 인간중심으로 인한 문제들을 극복하고 탈현대적 영성론을 모색하고 있는 바에 대해서는 다음의 글을 참조할 수 있다. 신승환, 『현대문화에

더 나아가 토인비는 21세기가 새로운 영성의 시대, 정신의 시대가 되어야 한다고 역설한다. 포스트모더니스트들이 탈근대성으로서 주장하고 있는 것 역시 이성이 아닌 다른 것, 우리가 이성적인 것이 아니라 해서 외면했던 것들을 다시 부각시켜 보자는 추세로 가고 있다. 이성이 아닌 다른 것, 그것은 무엇인가? 그것은 어쩌면 광기, 폭력, 섹스일지도 모른다. 그래서 그들은 바로 이것들에 대해 새롭게 접근하고 해석하고 있는 것인지도 모른다.

그렇지만 그들이 보고 있는 이성이 아닌 다른 것으로서의 이러한 것들도 전부가 아니다. 이성적인 현실이 아닌 다른 현실이 얼마든지 있다. 그것은 예컨대 종교적, 도덕적, 예술적인 현실을 들 수 있을 것이다. 이러한 것들이 특히 서양의 현대철학사에서 이성으로 접근할 수 없다고 하여 서서히 하나씩 배제되었던 것이다. 한마디로 종교, 도덕, 예술적인

서의 영성(靈性)론 연구」, 『하이데거연구(이 땅의 존재사건을 찾아서)』(제15집), 한국하이데거학회 엮음, 2007년 봄호, 567~596쪽 참조.

현실로의 접근을 가로막았던 인간의 잘못된 태도는 무엇보다도 無, 空, 虛와 같은, 없다고 하여 배제한 현실의 영역에 대한 잘못된 관계맺음이다.

이제 우리는 무, 공, 허와 같이 없다고 생각한 그것, 그 없는 것, 즉 無가 우리를 괴롭히고 있는 오늘날에 직면하고 있다. 그 '없는 것'에 대한 경험의 가능성을 새삼 새롭게 인정하고 거기에 어떻게 이를 수 있는지를 곰곰이 생각해 보아야 할 것이다. 그럴 경우 우리가 그동안 간과했던 새로운 현실이 열리고 우리에게 새로운 **삶의 가능성**이 주어질 것이다. 바로 이 점에서 동아시아 사람들 특히 한국 사람들이 이제 숨겨진 재능을 펼칠 수 있는 기회가 왔다고 본다. 서양은 이성 중심적 추세로 발달되어 왔고 그래서 서양 사람들에게는 무엇보다도 이성적인 능력이 극도로 잘 발달되어 있는 것이 사실이다. 이에 비해 동아시아 사람들, 특히 한국 사람들은 어쩌면 이성적인 능력이 서양사람만큼 잘 발달하지 못했다. 서양은 근대화를 거치면서 모든 면에서 합리적이 되어 서양 사람들은 이제 그렇게 합리적으로 된 투명한 유리병 속에서 살기 싫다고 하며 유리병을 깨고 있는 것이다. 그렇지만 우리 한국인의 상황은 다르다. 우리는 지난 반만년의 역사 그리고 근대화가 시작된 지난 100년의 역사 속에서, 서양 사람처럼 그렇게 합리적으로 된 적이 한 번도 없었다. 우리의 생활이, 생활세계가 유리그릇처럼 투명해 본적이 없었다. 그 투명함을 배우자고 지금 삶의 전분야에서 경제적, 정치적, 종교적인 투명을 이야기하지만, 우리는 지금 온통 부정부패에 시달리고 있는 게 사실이다.

여기서 우리가 한번 깊게 숙고해보아야 할 점이 있다. 그동안 서양문화의 저변에 깔려 있는 인간중심, 이성중심의 태도와 동아시아문화에서의 감성중심, 맥락중심의 태도 모두 한계가 있으며 이 두 사유와 문화의 성격을 아우를 수 있는 새로운 사상의 도래, 이러한 문명사적인 요청을 우리는 들을 수 있어야 할 것이다. 이러한 측면에서 우리는 **통일사상**을 새롭게 이해해 볼 수 있다. 21세기 웰빙담론이 부상하고, 생명과 영성에 대한 관심이 고조되어 가고 있는 오늘날, 생심의 욕망과 육심의 욕망 그리고 성상적 가치와 형상적 가치의 조화를 통한 심정문화를 지향하는 통일사상의 철학적 통찰에 대해 주목하게 된다. 특히 감성, 이성, 영성의 차원을 아우르고 그 각각의 능력의 원천으로서의 심정적 존재로서 인간을 보는 통일사상의 안목은 생명과 환경문제로 몸살을 앓고 있는 오늘날 인류에게 절실한 존재지혜를 제공해줄 수 있다.

20세기 중반까지 서양 사람들이 자기들 것만이 절대라고 생각한 '유럽 중심'의 시각과 태도로 인해 지금까지 이 중심에 끼지 못한 주변이 소외되었는데, 이러한 절대중심이 무너지면서 이제 다중심시대인 다원주의시대로 넘어가고 있다. 그래서 오늘날 21세기는 상호문화성의 시대, 다원주의시대로

변해가고 있는 것이다. 이러한 시대를 평화롭게 살아갈 수 있는 경제질서와 종교 간의 화해 그리고 문명 간의 화해의 문법을 찾아라! 이것이 21세기를 살아가는 우리들의 절대 절명의 시대적 과제이다.

깊고 풍부한 우리의 생활세계를 이성의 잣대와 자본의 논리로만 평가하려고 하는 모든 태도는 **허무주의**와 **쾌락주의**라는 구렁텅이에 빠지고 만다. 이러한 허무주의와 쾌락주의라는 망령에서 벗어날 수 있는 길은 무엇인가? 이러한 현대문화적 삶의 위기를 보고 있는 우리는 어떠한 존재지혜를 모색할 수 있는가? 이러한 위기상황을 통찰한 통일사상에서는 그래서 하나님과 인간 그리고 자연세계가 하나로 어우러짐을 통한 **심정문화세계**를 지향하는 것이다.

심정문화를 지향하는 통일사상은 새로운 하나님 읽기, 인간 읽기 그리고 자연 읽기를 제시한다.[13] 인

---

13. 오늘날 우리가 생활적으로 겪고 있는 총체적인 위기를 제대로 직시한 바탕 위에, 우리는 통일사상의 原相論과 本性論 그리고 存在論을 새로운 차

간을 이성적 동물animal rationale이라는 굴레에서 **해방**시키고 하나님을 인간의 이성적 증명욕망으로부터 **해방**시키며 자연을 이용의 대상이라는 관점에서부터 **해방**시켜야 한다. 이러한 시대적, 학문적 상황을 고려하여 오늘날, 통일사상연구자들은 제대로 응대해야 할 것이다.

　이러한 맥락에서 통일사상을 주창하시고 평화운동을 전 세계적으로 전개하고 계시는 문선명 · 한학자 총재께서는 평화메시지를 중심으로 세계평화의 원연합, 선학평화상 시상식 그리고 국제과학통일회의 등을 개최하고 있다. 이러한 일련의 세계적 활동은 우리 시대 글로벌 위기들을 해결하고자 하는 통일사상정신의 실천이며 세계평화를 지향하는 결단이다.[14]

원에서 읽고 보완하여 새롭게 제시하는 노력을 계속해야 할 것이다.
14. 2017년 2월 1일부터 2월 5일에 걸쳐, 세계평화의원연합 총회, 제2회 선학평화상 시상식(2월 3일), 국제과학통일회의(2월 4일-5일)가 열렸다. 이들 행사의 취지와 의의에 대한 자세한 내용은 다음을 참조. 세계평화통일가정연합, 『平和經』, 성화사, 2013; 『참父母經』, 성화사, 2015 참조.

2) 가정연합의 訓讀文化, 그 통일사상적 함의 읽기

그렇다면 이제 필자는 현대문화적 허무주의 극복과 평화문화의 기초적 노력의 일환으로 문선명·한학자 총재께서 그토록 강조하시는 **훈독문화**가 지닌 통일사상적 함의에 대해 숙고해 보고자 한다. 양위 분이 몸소 실천하고 있는 이 훈독문화는 바로 우리의 삶의 중심에 하나님을 모시고, 심정과 참사랑의 힘으로 '위하여 사는 삶'을 실천하라는, 그래서 생명을 키우고 평화를 정착시키는 **심정적 존재**로서의 사명을 다하라는 통일사상 주창자로서의 삶의 철학이다. 이러한 점에 주목하여 필자는 이 훈독문화가 함의하고 있는 의미를 **인간의 생각함**이라는 사태에 초점을 맞추어 논구해 보고자 한다.

서양철학에서는 인간에 대한 철학함이 시작되고 아리스토텔레스에 의해 일단락된 때부터 인간을 유난히도 '말을 할 줄 아는 생명체'zoon logon echon로 정의해 왔다. 이것이 중세 라틴 문화권으로 가서는 '이성적 동물'animal rationale로 번역이 되어 중세 이후 서양에서 '인간' 하면 당연히 '이성적 동물'이라고 낙인이 찍혀 버린 셈이다. 인간은 하나님이 창조한 모든 존재자들 중에서 '이성'을 가지고 있기에 특권을 가지고 있다고 생각하는 것이다. 그러기에 인간은 존재하는 것들의 서열에서 제일 윗자리를 차지할 수 있었고 다른 존재자들을 지배할 수 있다고 여겨 온 것이다.

이후에 인간을 조금씩 다르게 표현했지만 데카르트의 '나는 생각한다. 그러므로 나는 존재한다'Cogito ergo Sum라거나 파스칼의 '생각하는 갈대'라는 등의 말을 보더라도 역시 그들은 인간을 '이성적 존재'라고 보는 관점에서 크게 벗어나지 못했다고 할 수 있다.

여기서 필자는 이러한 서양철학에서의 인간에 대한 정의에 대해 비판하거나 틀렸다고 말하고 싶은 것은 아니다. 다만 고·중세를 지나 근대를 거쳐 현대 또는 탈−현대를 살고 있는 지금, 그리고 서양이 아닌 동아시아 그것도 한국 땅에서 살고 있는 필자의 입장에서 '생각할 수 있는 존재로서의 인간'의 의미에 대해 통일사상의 입장에서 다시 숙고해 보고 싶은 것이다.

　과연 인간은 그 '생각할 수 있다'라는 특권으로 오늘날과 같은 기술문명사회를 이룩했다. 인공지능과 사물인터넷 등의 기술로 모든 존재자들의 영역에 침입할 수 있게 되었고 지구가 아닌 다른 행성에로의 여행까지 가능하게 되었다. 이러한 사실은 이제 너무나 당연시되고 일상화되어 더 이상 우리를 놀라게 하지 않는다. 그런데 아이러니하게도 현대를 살아가는 우리들은 우리의 생각할 수 있음이 최고로 발휘된 지금 **형이상학적 허무감**과 삶을 풍성하게 해 줄 **심정문화적 상상력**의 부재함 속에서 뭔가 새로운 의미, 삶의 충만감 같은 것을 갈구하고 있다. 여기서 우리는 인간의 '생각할 수 있음'이라는 그 사태Sache에 대해 다시 물음을 던지게 된다. '인간의 사유함은 무엇을 말하는가?'

우리는 매일 생각을 통해서 계획을 세우고 일을 처리하며 타인들과 만나며 살아간다. 그런데 우리의 일상적 삶의 모습들을 곰곰이 따져보면 삶의 기초가 되는 '생각함'에는 두 가지 다른 차원이 있음을 알게 된다. 첫째, 우리의 생각함에는 '뭔가 따지고 계산해서 나의 이익을 챙기고자 하는 성격'이 있다. 내가 살아가면서 만나게 되는 다른 존재자들을 나의 앞에 마주 세워 놓아 바라보고 이해하며 또 안심해한다. 이러한 생각함의 성격을 우리는 **계산하는 사유, 표상하는 사유**Vorstellen Denken라고 부를 수 있을 것이다.

반면에 우리의 생각함에는 예를 들어 가까운 친지나 아는 사람이 죽었다든지, 뉴스를 통해 충격적인 사건을 접한다든지 해서 그 가까운 사람의 죽음이나 사건의 **의미**에 대해 곰곰이 생각해 보게 되는 경우도 있다. 이러한 생각함은 단순히 계산하고 따지는 차원, 즉 객관적인 사실들을 열거하는 사유가 아니라 그 사실들 속에 숨어 있는 또는 우리에게 던지고 있는 메시지를 찾아보려는 생각함인 것이다. 이러한 생각함을 우리는 **뜻 새기는 사유**Besinnliche Nachdenken, **훈독적인 사유** 등으로 그 성격을 표현해 볼 수 있을 것이다. 우리는 함석헌 선생의 『뜻으로 본 한국역사』라는 책을 알고 있다. 우리 역사에 있어서 몇 년도에 무슨 일이 있었고 그 다음 해에 무슨 사건이 있었고 하는 식의 단순히 사실들을 기술하거나 열거하는 것이 아니라 그 일어난 사건들이 어떠한 의미를 지니는가 하는, 역사를 읽어내는 눈史觀에 대한 생각함을 말하려고 하는 것이다. 우리는 1970년, 노동자 전태일의 분신자살을 통해서 단순히 살기 힘든 한 노동자가 절규했었다는 사실만을 얘기할 수도 있지만 그 사건이 한국현대사에서의 노동운동과 민주화 역사에 미친 역사적 의미에 대해 말해볼 수도 있을 것이다. 헤겔의 『역사철학』 구상도 이러한 인간의 뜻 새기는 사유, 마음에 침잠하는 사유로 인류역사를 보고자 하는 기획에서 시작된 작업이다. 그리고 역사신학에서도 예수라는 한 인물의 십자가 죽음을 단순한 한 인간의 죽음이 아니라 그분의 죽음 속에서 인류의 구속사救贖史를 새겨보려는 사유함으로부터 계획되었던 것이다.

과학과 기술이 우리의 운명이 되어버린 오늘날, 우리의 삶은 계산적, 표상적 사유에 길들여져 있으며 그것이 전부인 양 바쁘게 살아가고 있다. 그러면서 오직 '경제지상주의'의 삶으로 치닫고 있다. 따라서 삶의 의미라거나 공동체와 국가 그리고 섭리의 방향 등에 관한 말함의 자리에는, 다시 말해 얇은 삶이 아닌 두꺼운 삶이 되기 위한 노력의 자리에는 언제나 소수의 사람들만이 의자를 채우고 있다. 오늘날 회자되고 있는 '인문학의 위기'라는 현상도 이러한 우리들의 삶의 문화, 삶의 방식과 밀접한 연관이 있는 것이다.

예언자는 언제나 그 시대의 경향을 거스르는 메시지를 던진다고 했던가? 세계적으로 평화운동을 전개하고 계시는 문선명·한학자 총재께서는 '훈독

중심한 삶'을 강조하신다. 이 훈독문화는 생명과 평화세계를 실현하는 데 무슨 관계가 있는 것인가?

우리가 『문선명선생말씀선집』을 자세히 분석해 보면 거기에는 온통 의미를 찾고 의미를 부여하는 뜻 새기는 사유에서 나온 말씀임을 알 수 있다. 문선명 선생의 말씀은 뜻 새기는 사유함으로 인간과 세상 그리고 심정의 하나님과의 대화에 의해 길어 내어진 **뜻의 장**이다. 그러므로 이 훈독사건은 우리의 생각함이 계산하는 사유에서 뜻 새기는 사유에로 **전향**轉向, Kehre해야 함을 계시하고 있는 사건이다. 훈독은 우리의 생각함이 좀 더 경건해지기를 요구하는 것이다.

『문선명선생말씀선집』의 가르침에 의하면 **영성**은 마냥 신비한 것이 아니라 바로 우리 삶에 대한 깊은 사유, 훈독적 생각함에서 우러나오는 **삶의 향기** 같은 것이다. 심정(영성)적 삶이란 참사랑을 중심으로 한 생각의 힘이 심정행위를 통하여 주위를 화동시키는 천주평화적 삶을 말한다. 그러므로 심정적 삶은 가장 창조원리적인 삶이며 자연친화적인 삶이다.

20세기 후반을 치열하게 살아간 독일의 하이데거 (M. Heidegger, 1899~1976)는 자신의 학문적 결단, 즉 존재 사건학을 통하여 낭떠러지로 떨어져 가고 있는 서양문명의 새로운 구원의 길을 모색했다. 그리고는 결국 **오직 신만이 우리를 구원할 수 있다!**Nur ein Gott kan uns retten![15]라는 다소 예언적인 방식으로 인류의 방

---

15. M. Heidegger, "Spiegel-Gespraech mit Martin Heidegger" (23. September 1966), Reden und Andere Zeugnisse eines Lebensweges(GA16), Vittorio Klostermann Frankfurt am Main, 2000. 671쪽; 『통일사상요강』에서는 하이데거 철학에 대해 본성론에서 집중적으로 다루고 있다. 다시 말해 통일사상의 인간이해(심정적 인간, 로고스적 인간, 창조적 인간)에 입각해서 하이데거의 현존재(Dasein)로서의 인간이해에 대해 비판하고 있다. 그런데 통일사상에서의 하이데거 철학에 대한 이해는 주로 전기 작품인 『존재와 시간(Sein und Zeit)』에 의존하고 있다. 그러므로 하이데거의 후기사상까지 고려해 본다면 하이데거 사유의 사태들 중 놓치고 있는 면이 많다. 예를 들어, 하이데거의 사방세계(Geviert) 논의라든지 내버려둠으로서의 결단성 개념 그리고 '나의 철학은 신 기다리기이다'라는 등의 명제에 대한 더 깊은 논의가 되어져야 한다고 생각한다. 통일사상을 통해 하이데거 철학을 이해하기 전에 그의 『존재와 시간』뿐만 아니라 현후기 작품에 이르는 다양한 사태들과의 대결은 앞으로 통일사상의 심정사유를 꽃피우는 데 중요한 역할을 할 것이다. 국내에 번역되어 있는 하이데거 저서들을 소개하면 다음과 같다.
『존재와 시간』, 이기상 옮김, 까치, 1998; 『현상학의 근본문제들』, 이기상 옮김, 문예, 1994; 『형이상학의 근본개념들』, 이기상/강태성 옮김, 까

향을 제시하였다. 하이데거는 인간욕망의 극대화, 자본주의의 끝없는 욕망 부추김, 물질문명에 깔려 압사당하고 있는 인류에게 **하나님**이 너무나 필요했음을 온몸으로 절감했던 것이다. 필자는 문선명 선생께서 생명과 평화의 시대를 예비하시며 강조하신 훈독문화를 후기 하이데거가 강조했던 바, 즉 사방세계Geviert[16]에서 죽을 자die sterbliche로서의 인간이 생

치, 2001; 『니체와 니힐리즘』, 박찬국 옮김, 지성의 샘, 1996; 『진리의 본질에 대하여(플라톤의 동굴의 비유와 테아이테토스)』, 이기상 옮김, 까치, 2004 참조. 다음으로 하이데거 철학에 대한 연구서 및 논문으로는 다음의 글들을 참조할 수 있다. 이기상, 『하이데거의 實存과 言語』, 문예, 1991; 『하이데거의 存在와 現象』, 문예, 1992; 『하이데거의 존재사건학(존재진리의 발생사건과 인간의 응답)』, 서광사, 2003; 이기상, 『다석과 함께여는 우리말 철학』, 까치, 2004; 박찬국, 『들길의 사상가, 하이데거』, 동녘, 2005; 조형국, 『하이데거의 삶의 해석학』, 채륜, 2009.

16. 후기 하이데거는 〈존재와 시간〉에서 전개한 실존적 의미로서의 세계 개념을 넘어 사방세계(Geviert)담론으로 자신의 세계 개념을 승화시키는 동시에 데카르트 이후 서양 근대적 의미의 세계 개념을 극복하고자 한다. 사방세계는 땅과 하늘 그리고 신적인 것과 죽을 자(인간)들이 서로 거울놀이를 통하여, 어울림을 통하여 자연스럽게 형성되는 세계를 말한다. 여기서 필자는 하이데거가 인간을 죽을 자로 표현한 것에 주목한다. 인간을 이성적 동물이나 신의 형상이 아니라 죽을 자로 본 것이다. 이는 인간(삶)의 현사실성을 적중시킴과 동시에 인간의 유한성을 절절히 실감한 터 위에 명명한 이름일 것이다. 사방세계에 대한 자세한 내용은 다음의 글들을 참조. M. Heidegger, "Das Ding", Vorträge und Aufsätze, Neske: Pfullingen, 1978; 신상희,

활 속에서 이루어야 할 삶의 방식의 정착을 위한 구체적이고도 명확한 현실적인 실천(대안)이라고 생각한다.

『사방세계 안에 거주함: 자연친화적 삶의 방식에 대한 모색』, 『하이데거와 신』, 철학과 현실사, 2007, 200~230쪽; 이기상, 『하이데거의 존재사건학 (존재진리의 발생사건과 인간의 응답)』, 서광사, 2005, 173~185쪽.

3대 축복의 삶의 방식을 통한
심정문화세계 창건

 과학과 기술이 우리의 운명이 되어버린 시대, 그리고 빠름이 모든 가치의 척도가 되어버린 오늘날, 사람들은 더 이상 "왜"라는 의미물음을 던지지 않으려고 한다. 왜냐하면 묻는 사람이 바보가 되기 때문이다. 디지털 기술에 의해 우리의 일상이 자명하게 시스템화되어 잘 돌아가고 있는데 '왜 살아야 하는가'라든지 '우리의 삶의 의미는 무엇인가'라는 물음을 던지는 사람은 분명 반시대적이 되기 쉬운 사람일 것이다.

 그러나 아이러니하게도 모두가 남의 눈치를 살피

며 기술에 기대어 그럭저럭 살아가면서도 남이 안볼 때는 우리는 분명 묻고 있다. '내가 왜 이런 일을 하며 살고 있지?', '나는 무엇 때문에 사는 거지?' 금방 답이 나오는 물음이 아니기에 우리는 더욱 곤혹스러움을 느낀다. 그래서인지 오늘날 통일사상을 연구하는 우리들은 삶과 시대의 뜻을 찾는 물음을 던지며, 그 물음과 더불어 사는 자들이기에, 이러한 물음이 가지고 있는 사태Sache의 심각성과 무거움을 알고 있기에, 더더욱 우리들은 문선명 선생의 말씀을 소중히 여기게 된다.

『원리강론Divine Principle』과 『통일사상요강New Essentials of Unification Thought』 그리고 『천성경』, 『평화경』, 『참부모경』에서 강조하고 있는 3대 축복의 삶의 방식 Modus Vivendi은 우리가 잘 살아보겠다고 쫓아냈던 하나님을 우리의 생활세계에 **다시** 모셔오는 일에서부터 시작된다. 인류는 이제 근대화, 세속화라는 미명 아래 내쫓았던 인류의 참부모 되시는 하나님을 다시 모셔야 한다. 그러한 **모심의 문화** 속에서 인간은 진정한 **자유와 해방**을 느낄 수 있으며 **참행복**을 누릴 수 있다.

이렇듯 하나님을 생활의 중심에 모신 가운데 제1축복의 삶의 방식(마음과 몸의 통일, 개인의 평화), 제2축복의 삶의 방식(남편과 아내의 화해, 가정의 평화) 그리고 제3축복의 삶의 방식(인간과 자연의 공생, 지구의 평화)을 내면화해 가야 할 것이다. 심정과 참사랑의 성장은 시간과 더불어, 경험과 더불어 서서히 성숙해 가는 것이기 때문에 훈독적 사유와 더불어 3대 축복의 삶의 문화를 정착시켜 간다면 평화세계는 점점 더 가시화될 것이다. 오늘날『산다는 것의 의미(여분의 행복)』[17]와 같은 책이 많은 호응을 받는 것도 생명과 평화의 시대를 맞이해 진정으로 잘 산다는 것이 무엇인가에 대한 인류의 지혜가 그쪽으로 방향을 잡아가는 것이 아닌가 하는 생각이 든다.

---

17. 피에르 쌍소, 『산다는 것의 의미』, 김주경 옮김, 동문선, 2005.

우리가 살아온 지난 20세기의 현대적 삶의 방식에서는 위에서 잠깐 언급한 통일사상적 의미에서의 평화적 삶을 제대로 살 수가 없었고 실제로 살지도 못했다. 발전과 경쟁의 시장논리로만 우리 삶의 전 영역을 재단했기 때문이다. 더욱이 과학과 기술의 힘을 전쟁에 쏟아 부어 서로를 얼마나 피곤하게 했으며, 제1세계와 제3세계로 나눠, 그리고 민주와 공산으로 분열되어 얼마나 비참하게 살아왔는가?

우리들 개개인의 삶의 차원에서 생각해봐도 기술에 의해 지배되었던 20세기, 아니 오늘날도 대부분의 사람들이 뜻새기는 사유보다는 표상하는 사유, 계산하는 사유에 길들여져 있어 **심정적 가치**를 무시하는 경향이 많지 않은가? 그래서 하이데거는 현대를 **형이상학**(철학, 뜻 새기는 사유)이 **기술**(계산하는 사유)에 의해 대체된 시대라고 했다. 기술시대를 사는 인간들은 기다릴 줄 모른다. 주위의 자연이나 사람들에 대해 **몰아세우고**Ge-stell 무엇인가를 생산해 내라고 닦달해 댄다.[18] 그래서 자연이 파괴되어가고 사람들 사이의 관계가 황폐화되어 간다. 다시 말해 통일사상에서 강조하는 제3축복과 제2축복의 삶의 방식이 철저히 망가져 가고 있다. 하나님의 3대 축복은 따로따로 떨어져 있는 것이 아니다. 3대 축복의 삶의 방식은 철저한 **공속**共屬관계에 있다.

현대인들의 이 각박해져 가고 모래알처럼 부서져 가는 삶의 분위기, 시대의 징후를 극복할 수 있

---

18. 하이데거는 서양의 형이상학이 그때그때의 존재의 역운(歷運)에 따라 이데아, 에네르게이아, 주체, 의지, 힘에의 의지 등으로 각인되어 왔다고 한다. 이것이 현대에는 기술(Ge-stell, 닦달, 몰아세움)의 형태로 나타나고 있다고 본다. 하이데거는 인간이 비은폐성과의 탈자적인 연관에서 이 비은폐성에서부터 닦아세워지는 양식은 집약시키는 특징을 띠고 있다고 한다. Ge-stell에서 전철 'Ge-'는 비은폐성의 닦아세우는 근본특성에서의 집약시키는 것을 지칭하고, 후철 '-stell'은 인간을 닦아세우는 세움과 또한 존재자를 다양한 주문요청의 방식으로 닦아세우는 세움을 의미한다. 참조. 이기상, 『하이데거의 존재사건학(존재진리의 발생사건과 인간의 응답』, 서광사, 2003, 195~298쪽; 'Gestell'에 대한 더 자세한 내용은 다음의 논문을 참조. 이기상, 『현대기술의 본질』, 『강연과 논문』, 이기상 · 박찬국 · 신상희 옮김, 이학사, 2008, 179~181쪽; 이선일, 『하이데거의 기술의 문제』, 박사학위논문, 서울대학교 철학과, 1994; 조형국, 『기술시대와 초연한 삶(인간과 기술, 그 자유로운 관계를 위한 한 해석)』, 『해석학연구』(제22집), 한국해석학회 엮음, 2008 가을호.

는 방안은 과연 무엇인가? 필자는 그것을 앞서 훈독訓讀, 뜻 새기는 사유중심의 삶의 태도로 돌아가는 것이라고 말한 바 있다. 뜻이 생명이다. 인간은 뜻이 있어야 하고 뜻이 확립되어야 한다. 뜻이 기술에 의해 대체되는 순간, 그래서 모든 면에 있어 인간의 의미부여의 작업이 상실되고 기계나 기술에 의해 통제되는 순간, 인간의 삶은 피폐해지고 생명력이 떨어지게 된다. 심정이 죽어가는 것이다.

이러한 현대문명의 분위기를 간파하신 문선명 선생께서는 전 세계를 향해 뜻을 찾고 뜻을 새기는 삶의 방식, 3대 축복을 통한 심정문화세계로 전향轉向할 것을 요구하는 것이다. 우리가 문선명 선생의 말씀들을 곰곰이 분석해 보면 그 말씀들은 온통 세계나 인간 그리고 하나님에 대해 철저하게 뜻 새기는 사유의 작업을 하신 후 발표하신 말씀들이라는 것을 알 수 있다. 필자는 이 시대 **통일사상연구**는 시대정신이 들어있는 문선명 선생의 말씀의 내용을 우리의 시대문제와 연관 짓는 **심정해석학적인 작업**

으로 꽃피어야 한다고 생각한다.

이러한 사태에 대해 지난 2004 세계문화체육대전 폐회식 축하만찬 시 문선명 선생께서는 '참심정혁명을 통한 참해방-석방'을 통해 생명과 평화의 21세기가 되기를 간절히 고대하시며 허무주의를 극복할 수 있는 대안은 심정문화세계밖에 없으며 그 심정문화생활을 하는 모습을 구체적으로 다음과 같이 말씀하셨던 것이다. 다소 길다고 생각되지만 통일사상연구의 의미와 방향을 고민하는 우리가 두고두고 곱씹어 보아야 할 내용이기에 인용하고자 한다.

"여러분이 노동과 노력을 하는 것은 창조입니다. 일생 동안 일만 하고 살아도 피곤을 느끼지 않고 그저 즐겁기만 하며 하나님의 참사랑의 세계를 느낄 수 있는, 그리고 하나님을 위로해 드릴 수 있는 그런 길을 찾아가는 것이 사랑의 일생이라는 것입니다. 하나님이 창조해 놓은 것을 가지고 내가 취미 삼아 재미있게 하늘의 기념품을 만들고 살다 가겠다고 하는 그런 생각과 태도로 일생을 살아보라는 것입니다.

동서남북, 전후좌우 어느 곳도 막힐 것이 없습니다. 지구상의 바다라는 바다, 오대양과 육대주를 안 찾아가 본 곳이 없고 강이라는 강, 산이라는 산은 모두 찾아가 보며 사는 것입니다. 여러분도 선생님처럼 하나님의 사랑을 갖고 자연을 찾아 벗 삼으며 주인 못 만나서 탄식권에 처해 있는 자연을 해방시켜주겠다는 마음을 갖고 살아야 할 것입니다.

그런 의미에서 통일운동에는 '山水苑' 운동이 필요한 것입니다. 도시의 피폐한 문화에 사로잡혀 개인 중심의 이기주의적 삶의 노예가 되어 환경을 파괴하고, 각종 공해 속에서 허덕이며 자녀들의 정서적 발전을 막는 어리석은 삶의 틀에서 한시라도 빨리 탈출하는 것이 지혜로운 삶이 될 것입니다."[19]

---

19. 문선명, 『참 심정혁명과 참해방−석방 시대 개문』, 2004 세계문화체육대전 폐회축하만찬 시 창시자 연설문. 2004. 7. 26

심정진리사건으로서의 통일사상:
심정의 진리·축복의 정치를 위한 가능성

    우리는 지금까지 통일사상을 심정진리사건의 관점에서 보고 그 심정진리의 눈으로 현대문화 속에 팽배해 있는 허무주의를 극복하고 21세기 새로운 생명과 평화의 시대를 어떻게 보고 준비해야 하는가에 대해 개괄적으로 살펴보았다. 아울러 '심정'개념이 함의하고 있는 생명철학적, 평화철학적인 의미를 읽어보려고 노력했다.

    우리가 『통일사상요강』 텍스트에서 확인할 수 있듯이, 문선명 선생께서는 하나님의 본질을 **심정**이라는 개념으로 파악하고 우리가 사는 현실의 온갖 문제들에 대한 해답으로 **심정과 참사랑의 삶의 논리**를 지시하신 것이다. 그리고 그 삶의 논리대로 사시는 모습을 우리들에게 구체적으로 심정진리의 실천을 통하여 보여주고 계신다. 그래서 문선명 선생의 심정진리사건은 다름 아닌 바로 문선명 선생의 삶의 철학인 것이다. 보이지 않던 하나님의 심정이 억제할 수 없는 충동으로 인해 창조의 신비로 나타나고 지금도 그 창조의 수고는 계속되고 있듯이, 이제 우리들의 심정이 활활 타올라서 21세기를 위한, 후천시대를 위한, 인류가 혼돈 속에 그토록 염원하던 생명과 평화의 시대를 개문하는 **생각**을 잉태해야 할 때인 것이다.

새로운 시대를 예비하는 소수의 그 노력, 그 피와 땀으로 역사는 희망의 역사로 이어지는 것이 아닌가. 나의 맘 깊은 곳에, 우리의 삶 속에 와—닿아 폭발하고 있는 하나님의 심정을 사건화시켜 바깥으로 드러내야 할 때가 왔고 그것이 우리의 시대적 사명이 아니겠는가. 바로 그러한 시대적, 학문적 과제를 필자는 **심정사건학**이라고 불러본다.

　오늘날 엄청난 전환기적 시대를 맞아 전 세계가
거대한 소용돌이 속에서도 생각하는 사람들에 의해
생명사건학(김지하)[20]이니 은닉사건학H. Rombach[21] 혹은
존재사건학M. Heidegger)[22]이라는 이름으로 탈중심시대
에 중심잡기를 하려는 노력들이 있지만 각각의 시대
적, 공간적 한계로 인해 동서통합적인 큰 사유의 틀
에서 부족한 점을 드러내고 있는 것이 사실이다. 그
러한 부족한 점들을 메우기 위해 생각하는 사람들은

---

20. 김지하, 『생명, 이 찬란한 총체』, 동광출판사, 1991; 『생명』, 솔, 1994; 『생
　　명과 자치. 생명 사상 · 생명 운동이란 무엇인가』, 솔, 1996; 이기상, 『김
　　지하의 생명사건론. 생활 속에서 이루어야 하는 우주적 대해탈』, 『해석학
　　연구 제12집. 낭만주의 해석학』, 한국해석학회 편, 철학과 현실사, 2003,
　　495~574쪽 참조.

21. H. Rombach, Strukturontologie. Eine Phänomenologie der Freiheit, Freiburg/
　　München: Alber, 1971; Substanz, System, Struktur. Die Ontologie des
　　Funktionalismus und der philosophischen Hintergrund der modernen Wissenschaft,
　　2Bd., 2 Aufl., Freiburg/München: Alber, 1981. 참조.

22. M. Heidegger, Beiträge zur Philosophie, Frankfurt a. M., 1989; Besinnung, Frankfurt a.
　　M., 1995; 이기상, 『하이데거의 존재사건학(존재진리의 발생사건과 인간의
　　응답)』, 서광사, 2005 참조.

또 노력할 것이다. 그러한 다양한 노력들은 21세기 생명과 평화의 문화를 지향하는 수고들이다.

그런데 통일사상의 입장에서 볼 때, 참된 생명과 평화문화는 성상적 가치와 형상적 가치가 조화통일을 이루는 데서 가능하다. 몸(형상적 가치)만 가꾼다고 해서 웰빙이 되는 것이 아니다. 마음과 영성의 **새로운 부활, 심정적 가치의 발견**이 함께 이루어져야 한다. 이러한 통합적인 큰 안목에 바탕해서 **과학적 사실**을 기술하면서도 **형이상학적 사색**이 균형 있게 어우러진 學問, 바로 **심정사건학**을 구성해내야 하는 일은 통일사상의 심정진리의 맛을 먼저 본 사람들의 시대적이고도 역사적인 사명이다. 앞으로 생명과 평화 그리고 하나님靈界에 관한 모든 담론을 통일사상의 '심정' 개념을 둘러싼 거인들(사유가)의 대결이 될 것이다.

심정사건이 일어나고 있는 심정적 존재로서의 **인간의 출현**은 인류의 인식론적 진화의 마지막 단계이며 우주 진화의 꽃이다. 심정적 인간은 자신의 내부에서 하나님을 발견하고 그 발견한 하나님의 **의미**를 겸허한 마음으로 서로 나누면서 사는, 지혜로운, 철든, 삶을 아는 사람이다. '나이 들어감'의 천주天宙적 뜻을 아는 참사람인 것이다.

3

기술시대와
심정적 삶
: 기술문명에 대한 통일사상적 숙고

기술은 우리의 운명이다.(하이데거, 1945)

21세기의 가장 중요한 이슈는 기술이 아니고
인간개념에 관한 문제이다.(J. 바이젠바움, 1976)

기술은 만물 주관의 직접적인 수법이다.(통일사상요강, 1993)

기술문화적 삶의 위기와
심정적 가치의 발견

이 장(기술시대와 심정적 삶)에서 우리는 오늘날 우리 삶의 성격을 결정짓고 있는 자유민주주의와 자본주의 시장경제 그리고 과학기술문명 중 과학기술문명에 대한 통일사상적 비평을 시도하고자 한다. 왜냐하면 우리는 자본주의적 삶의 논리와 기술문명 속에서 심한 상처와 인간성 상실 그리고 환경문제 등 심각한 문제를 겪고 있기 때문이다. 오늘날 전 세계적으로 인정받고 있는 보편적 가치 중에 우리는 과학과 기술이라는 축을 간과할 수 없다. 많은 사람들이 우리가 살아가고 있는 지금을 '디지털 시대', '인터넷 시대', '지식정보화 시대'라는 말로 규정하고 있다. 한편 많은 사람들이 전 세계적 차원에서 보편적으로 받아들이고 있는 삶의 모던적 가치(근대성)로 자유민주주의, 자본주의 시장경제 그리고 과학과 기술을 뿌리내리게 하려고 총력을 기울이고 있다.

이러한 오늘날의 세계적 상황을 고려해본다면, 현재 우리의 삶과 세계를 지배하고 있는 힘은 유럽과 미국을 중심한 서구적 가치이며 이것은 또한 서구의 형이상학에 뿌리를 두고 있다는 사실을 확인할 수 있다. 지금 세계를 하나로 묶어주고 있는 힘인 자유민주주의, 자본주의 시장경제 그리고 과학과 기술은 모두 **유럽적 형이상학**의 필연적 귀결인 것이다.[1]

그렇다면 지금 전 세계의 분위기와 성격을 규정하고 있는 것은 서구인의 생각이 아닌가? 다시 말

---

1. K. Held, "Die Entdeckung der Welt als Ursprung Europas", 1996년 2월 26일 한국현상학회에서 발표된 원고 참조.

해 서구인들의 '**존재를 보는 눈**(Seinsverstaendnis, 존재
이해)'에 의해 세계가 움직이고 있는 게 아닌가? 이
러한 특정한 관점과 가치를 절대로 상정하려는 동
일성의 폭력의 상황에 직면해 있는 우리는 삶의 모
든 분야에서 '세계화'와 '지역화'(한국화)의 조화를 통
한 주체적인 삶의 문화를 만들어가야 하는 시대적
인 과제를 떠맡고 있는 것이다. 그러한 과제 중에
서구인들의 일방적인 '존재관'으로 인한 생태계 문
제와 특히 왜곡된 **기술문명의 힘**에 근거한 성性문
화의 혼란으로 인한 인간성 상실 문제, 가정의 해체
그리고 신민족주의와 종교 간의 갈등문제가 21세기
인류의 당면문제로 여전히 남아 있다.[2]

그런데 필자가 보기에 이러한 여러 문제들의 이면
에는 단순한 현상적 차원의 문제를 넘어선 '세계관'
世界觀의 문제가 깔려 있다. 그것이 바로 '**기술적 세**

---

2. 김동규, 「21세기 인류의 공통문제와 통일사상의 역할」, 『통일사상연구』(창
    간호), 통일사상학회, 2000. 1~5쪽; 최병환, 『철학의 제문제와 통일사상』,
    아산: 선문대 출판부, 2005 참조.

계관'인 것이다. 서구에서 특히 근대 이후 계몽의 세례를 받은 인간은 신神을 대신하여 주체(Subjekt)의 자리에 올라서서 세계와 우주 전체에 대한 지배의지를 확장시켜 왔다.(주체의 형이상학) 삶의 전반에 걸쳐 인간의 (권력)이성으로 장악하고 해석하는 힘을 관철시켜 온 것이다. 물론 발달시킨 과학과 기술로 인해 인류의 문명이 발달한 것도 사실이다. 그리고 과학기술적 세계관으로 인해 발생한 모든 문제들을 해결함에 있어서도 과학과 기술에 의존하지 않고서는 해결될 수 없는 것이 지금의 현실이다. 그렇다면 이러한 운명적인 시대에 우리는 어떻게 해야 하는가?

하나님과 절대가치(심정적 가치)를 철저히 배제하는 무신론적 경향이 전 학문영역과 생활세계를 지배하고 있는 오늘날, 통일사상에서는 이에 대해 어떻게 응대해야 하는가? 학문(과학)통일의 기초로서 통일사상을 제시하여 모든 개별과학의 토대를 놓으려는 학문적 노력은 현대 학문세계의 기저에 전제되어 있는 근본경향과 방법론 등을 완전히 새로운 **심**

정론적 패러다임으로 되돌리려는 학문적 결단이다. 따라서 통일사상을 중심하고 학문을 하는 자의 사명과 과제는 심정과 참사랑의 원리를 모든 (개별)학문함의 근본정신과 방법론 논쟁에 반영하여 학문함의 문화를 서서히 그러나 근본적으로 개혁하는 일이 될 것이다.

이러한 시대적인 문제의식을 공유하면서 본 장에서는 오늘날의 기술문화적 삶의 위기에 관해 통일사상의 관점에서 비평함으로써 기술문화가 나아가야 할 바를 제시함과 동시에 이제까지의 기술철학적 논의들과 통일사상의 기술 이해를 대비시켜 고찰해보는 작업을 바탕으로 앞으로 통일사상에서의 기술철학적 과제에 대해 생각해보고자 한다. 이러한 작업은 오늘날 맹목적인 기술문화추구로 인한 삶의 위기를 치유하고 통일사상에서 본 기술철학 정초작업의 토대를 마련해 줄 것이다.

이러한 연구를 위해 먼저 기술과 기술문화시대의 의미를 통일사상의 '주관'개념과 관련지어 살펴

볼 것이다. 그런 다음 통일사상에서 말하는 인간의 창조성과 주관교육(기술교육)에 대한 이해를 바탕으로 '기술'에 대해 논구하고자 한다. 통일사상의 입장에서 보면, 기술은 인간의 창조성의 한 결과이기 때문에 인간의 창조성에 대한 통일사상적 해명을 통해 기술현상과 기술문화적 삶의 위기에 대해 비평해 볼 수 있을 것이다.

마지막으로 현대 기술철학 또는 기술신학에서 나오고 있는 담론을 고려하여 통일사상의 기술 이해를 존재론적 차원에서 규명해야 하는 노력(통일기술철학의 정초)이 절실함을 제기하고자 한다. 이와 같은 기술과 기술문화에 대한 **기술철학적** 그리고 **심정철학적 물음**은 21세기 통일사상이 지향하는 **심정문화**를 디자인하는 데 중요한 통찰을 제공할 수 있을 것이다.

2
기술문화시대와 통일사상의
'주관' 개념

우리는 나날의 삶을 기술과 더불어 살아가고 있다. 아침에 일어나 씻고 밥해 먹는 일에서부터 밤에 잠자리에 들기까지 그야말로 기술로 시작해서 기술로 마감되는 삶을 살고 있다. 그리고 전공을 불문하고 어떠한 '기술'자격증이라도 없으면 왠지 모를 죄책감마저 느끼며 살아가고 있는 실정이다. 그리고 '문맹'이나 '환맹環盲'[3]보다는 '컴맹'이니 '넷맹'이라는

---

3. 환경 문제에 눈 먼 사람. '내 몸'을 살리는 '내 큰 몸'인 자연과 농사와의 관계에 무지한 사람. 환맹이라는 용어는 시인 박노해에 의해 사용된 바 있다. 박노해, 『용서받지 못한 자』, 『사람만이 희망이다』, 해냄, 1997, 140쪽.

소리가 듣기 두려워, 원시인 취급을 받기 두려워, 일부러 컴퓨터 모니터 앞에 앉아 시간을 보내기도 한다.

아니, 이제 컴퓨터는 우리의 삶의 필수품이 되었다. 인터넷 없는 삶은 상상할 수 없게 되었다. 요즘 공공연하게 나오는 말 중에 '컴퓨터 중독'이니 '인터넷 중독 환자' 그리고 '사이버 공간', '사이버 공동체', '테크노 철학' 등에서도 볼 수 있듯이 기술은 이제 우리의 의식과 삶 전체를 송두리째 지배하고 있다.

그런데 이렇듯 기술과 더불어 살아가는데도 막상 '기술이란 무엇인가' 하고 물음을 던지면 선뜻 대답하기가 곤란해진다. 아니면 너무나 자명하기 때문에 오히려 물음을 던지는 자가 우스운 꼴이 되어 버린다. 그러나 비트겐슈타인이 언급한 바대로 "아무도 묻는 이가 없으면 아는 듯하다가도 막상 설명을 해야 할 때 말문이 막혀 버리고 마는 그것은, 사람들이 곰곰이 성찰해 보아야 할 어떤 것이다."[4]

그렇지만 여전히 기술에 대한 물음은 무겁고 어렵게만 느껴진다. 그러므로 우선 기술에 대한 우리의 일상적 이해를 가리키고 있는 사전적 정의에서부터 살펴보도록 하자. 흔히 사전에서는 기술을 다음과 같이 정의 내리고 있다. 기술이란 "만들거나 짓거나 하는 재주, 솜씨, 방법" 또는 "물질을 사람의 생활에 이롭게 잘 쓰는 방법이나 수단"[5]이다.

우리가 기술에 대한 사전적 정의에서 알 수 있는 것처럼 흔히 '기술'이라 하면 '어떤 일을 효율적으로 처리하는 도구' 또는 '인간의 노동을 감축시키고 변형시키는 방법, 매체' 정도로 이해하고 있다. 그리고 이러한 기술에 대한 평가는 크게 3가지, 즉 긍정적 평가, 부정적 평가 그리고 중립적인 평가로 나누

---

4. L. Wittgenstein, Philosophische Untersuchunge, Nr. 89, New York: The Macmillan Company, 1961, 42쪽.

5. 『연세 한국어사전』, 연세대학교 언어정보개발연구원 편, 두산동아, 1998, 264쪽

어 생각해 볼 수 있다. 먼저 기술에 대한 긍정적 평가자로는 데사우어F. Dessauer 같은 이를 들 수 있겠다. 데사우어는 다음과 같이 말한다.

"사람들은 기하학적인 방식뿐만이 아니라 기술적인 방식을 통해서 합리적이고 효율적으로, 감정을 앞세우지 않고 한층 더 실리적으로, 그래서 훨씬 더 효과적으로 계획을 세우고 탐구한다. 이 시대 이후로 기술은 갈수록 풍족하게 자유와 시간, 또한 문화를 위한 수단을 제공하며, 그 전에는 즐길 수 없었던 대단히 많은 사람들에게 그 기회를 제공해 준다. 서구로부터 퍼져 나온 인류의 기본 태도는 대단히 합리적이고 실용적인 특징을 가진다. 수많은 불행의 원인들이 퇴치되었고 헤아릴 수 없는 많은 이로운 일들이 행해졌다."[6]

---

6. 이기상 편역, 『주제별 철학 강의』, 동아출판사, 1991, 84쪽.

이렇듯 데사우어는 기술이 가져온 생활의 편리와 이로운 점을 높이 평가하고 있다. 반면에 현재의 환경오염과 기계적인 인간관계 그리고 성스러움의 상실 등과 같은 이유로 기술을 부정적으로 평가하는 사람들도 있다. 그런가 하면 기술 자체는 선도 아니고 악도 아닌 가치중립적인 것이라고 말하는 사람들도 있다. 중요한 것은 인간이 어떻게 사용하느냐에 달렸다는 말이다. 그래서 야스퍼스는 이렇게 말한다.

　　"어떻든 분명한 것은 기술이란 수단일 뿐이지 그 자체는 선도 아니고 악도 아니라는 사실이다. 기술이 인간에게 어떻게 봉사하고 어떤 조건하에서 인간이 기술을 설정하는가에서 인간이 조명되는 것이 무엇보다 중요하다. 여기에서 문제가 되는 것은 종국적으로 기술을 통해서 인간이 어떤 존재로서 나타나는가 하는 것이다. 기술은 그러한 기술을 실현시키는 것과는 독립해 있는 자립적인 존재로서 일

종의 공허한 힘이며 결국은 목적에 대한 수단의 마비적 승리인 것이다." [7]

이상의 논의를 통하여 우리는 기술을 인간 자신이 살아감에 필요해서 발명해 내거나 개발해 온 도구 또는 장치 등으로 이해할 수 있다. 그리고 이러한 기술에 대한 평가는 3가지 정도가 있다는 사실도 확인하였다. 그렇다면 통일사상에서는 이러한 기술에 대해 어떠한 철학적 이해를 제시하고 있는가?

통일사상 교육론에서 교육의 3형태(심정교육, 규범교육, 주관교육)를 말할 때, 특히 주관교육(지식교육, 기술교육, 체육)설명에서 우리는 '기술' 교육이란 개념을 발견하게 된다. 따라서 필자는 통일사상의 '기술' 이해를 이 '주관교육' 개념에서부터 전개해보고자 한다. 통일사상에서는 '주관교육' 개념을 이렇게 설명하고

---

7. K. 야스퍼스, 『역사의 기원과 목표』, 백승균 옮김, 이화여대 출판부, 1986, 207쪽.

있다.

"주관교육은 주관성 완성을 위한 교육이다. 주관성 완성을 위해서는, 먼저 주관의 대상에 대한 정보, 즉 지식을 습득해야 하는바, 이것을 위해서 첫째로 지식교육知育이 필요하다. 다음은 대상을 주관하는 데 필요한 창조성을 개발하기 위해서 기술을 습득하는 교육도 필요하다. 이러한 교육이 기술교육이다. 그리고 주관을 잘 하려면 주관의 주체인 인간은 체력을 증진시키지 않으면 안 된다. 그것을 위한 교육이 체육體育이다. (중략) 지육知育에 있어서 주관에 필요한 지식과 학문은 주관의 대상의 영역에 따라서 자연과학을 위시하여 정치, 경제, 사회, 문화 등 광범위한 분야에 걸치게 된다. 정치, 경제, 사회, 문화 분야 등의 활동도 모두 만물 주관의 개념에 포함되기 때문이다. 기육技育에 있어서의 기술은 만물 주관의 직접적인 수법으로서 주관교육의 중심이 되며, 체육에 있어서의 체위體位의 향상과 체력의 증진도 만물 주관에 긴요함은 물론이다."[8]

　우리가 위의 인용에서 알 수 있는 바와 같이, 통일사상에서 기술교육은 주관교육의 범주에 속하는 것으로 "기술은 (인간의) 만물 주관의 직접적인 수법이다." 통일사상에서 기술은 인간이 다른 존재자들(만물)을 주관하고 관리하는 수단과 방법으로 이해되고 있다. 다시 말해, 인간과 만물 존재자와의 관계맺음의 한 방식인 것이다. 그런데 여기서 우리가 주의해야 할 사태는 통일사상에서 '주관교육' 했을 때 그 **'주관'**이라는 개념이다. 흔히 주관 하면 인간이 주체가 되어 다른 모든 존재자들을 대상Gegenstand으로 마주 세워 인간의 권력의지로 부품화, 상품화시키는 것으로 생각하기 쉽다. 이는 특히 서구 근대철학에서 인간과 다른 존재자(만물)와의 존재위상의 문제에서 굳어진 생각이다. 서구 근대철학은 한마디

---

8. 『통일사상요강』, 369~370쪽.

로 **'인간의지의 현상학'**이라 할 수 있다. 서양철학에서의 전반적인 경향은 모든 존재자들 중에 인간을 최고의 자리에 놓고 모든 철학적 담론을 전개해나가는 데 있다. 이것이 바로 인간중심주의, 이성중심주의이다.[9]

이와 비교하여 통일사상에서는 인간을 하나님을 닮은 형상적 개성진리체로서 모든 존재자들 중에 최고의 자리에 놓지만 인간의 우월성을 인간의 이성에 두지 않는다. 통일사상은 이성중심주의, 인간중심주의가 아니다. 그것은 바로 통일사상의 심정이라는 개념 때문이다. 통일사상의 인간 이해의 핵심은 인간을 심정적 존재로 보는 데 있다. 통일사상에 의하면, 하나님을 닮아 창조된 인간의 본질은 심정이며 이성도 이 심정이 동기가 되어 작용하고 발

---

9. 서양 근대철학이 아니 더 나아가 서양철학(형이상학) 전체가 어떻게 해서 이성중심, 인간중심으로 치달아 현대의 기술(Ge-stell) 형이상학으로 완성되었는가에 대해서는 다음의 글들을 참조. Heidegger, M., "Überwindung der Metaphysik", Vorträge und Aufsätze(GA7), Neske Pfullingen, 1978; "Die Zeit des Weltbildes", Holzwege(GA5), Vittorio Klostermann Frankfurt a. M., 1977.

휘되는 것이다.[10] 그러므로 통일사상은 인간중심이라기보다 하나님중심, 심정중심이라고 말할 수 있겠다.

통일사상에서 말하는 인간의 주관은 다른 만물 존재자(상대물)들의 가치를 충분히 발휘하고 드러내주려는 관리요 보살핌이다. 그러므로 주관하는 데 필요한 기술 역시 다른 만물들의 가치를 온전히 밝혀내는 관계맺음의 양상이 된다. 기술은 인간이 다른 만물들의 가치와 미를 드러내려고 할 때 사용되는 인간의 만물에 대한 독특한 애정표현이다. 그런데 이러한 기술은 하나님의 창조성을 닮은 온전한 인간의 창조성의 결과물이어야 한다. 그러므로 우

---

10. 통일논리학에 의하면 인간이 생각하게 되는 이유는 바로 하나님이 우주 창조에 앞서서 먼저 생각하였기 때문이다. 하나님은 우주 창조에 앞서, 심정을 동기로 하여 사랑을 실현하고자 하는 목적을 세워가지고, 그 목적에 부합되는 내용을 마음속에 구상하신 것이다. 이것이 생각이요, 로고스(말씀)이다. 그러므로 하나님을 닮아 창조된 인간도 심정을 동기로 하여 사랑을 실현하기 위한 목적을 세워 놓고, 그 목적 달성을 위해서 생각하는 것이 본연의 생각의 자세이다. 『통일사상요강』, 625~628쪽 참조.

리는 통일사상의 기술 이해를 밝히는 작업을 함에
있어 인간의 창조성에 대한 철학적 이해를 살펴보
지 않을 수 없다.

통일사상의 '인간' 이해와 창조성
그리고 주관(기술)교육

통일사상에 의하면, 하나님을 닮아 창조된 인간은 **심정적 존재, 로고스적 존재**이며 또한 창조적 존재이다. 통일사상은 심정, 로고스 그리고 창조성을 하나님의 속성 중 현실적인 문제 해결과 관련하여 가장 중요한 속성들이라고 본다.[11] 그런데 여기서는 우리의 기술이라는 사태Sache와 관련하여 창조적 존재로서의 인간, 즉 인간의 창조성에 대해 논구해보고자 한다.

---

11. 『통일사상요강』, 248~258쪽 참조.

구·신석기 문명에서부터 디지털문명으로 대변되는 오늘날의 문명에 이르기까지, 역사적 과정에서의 모든 인류문명은 인간의 창조성의 결과라고 볼 수 있다. 이렇듯 인간은 자신이 처해 있는 낯설고 두려운 세계를 자신의 고향의 세계로 만들어 가는데, 통일사상에서 볼 때 이러한 심정적 고향 만들기 작업은 바로 인간이 자신의 창조성을 발휘함으로써 가능한 것이다.

그런데 통일사상에서는 이러한 인간의 창조성은 하나님의 창조성을 닮아야 한다고 역설한다. 이 말은 인간의 창조행위는 절대가치 내지 심정적 가치를 지향하고 있다는 것이다. 이러한 인간의 창조행위가 '심정'과 '(창조)목적'을 지향하지 못할 때, 이기심 때문에 왜곡되어 온전한 의미에서의 창조성이 발휘되지 못하게 되는 것이다.

창조성에 관한 통일사상의 이해를 좀 더 살펴보기로 하자. 우리는 흔히 "무에서 유가 나왔다"느니 혹은 "하나님이 무에서 세계를 창조하였다"는 말을 듣는다. 그런데 하나님이 어떻게 이 (물질)세계를 창조할 수 있고 또 창조하게 되는지에 관한 구체적인 설명은 좀처럼 들어보지 못하는 것이 사실이다. 통일사상에서는 이에 대해 다음과 같이 설명한다.

"하나님原相 내부에는 다음과 같은 2단계의 수수작용이 행하여졌는바, 그 첫째는 내적 수수작용이요 둘째는 외적 수수작용이다. 내적 수수작용은 심정에 의해 세워진 목적을 중심하고 내적 성상과 내적 형상 사이에 벌어진 수수작용으로서 이 수수작용에 의해서 로고스가 형성되었다. 그리고 외적 수수작용은 동일한 목적을 중심하고, 同로고스와 형상(본형상) 사이에 벌어진 수수작용으로서 이 수수작용에 의해서 피조물이 생성되었던 것이다.

이 2단계의 수수작용은 바로 2단계의 발전적 사위기대의 형성을 의미한다. 따라서 하나님의 창조성이란 결국 이 2단계의 발전적 사위기대 형성의 능력, 즉 내적 발전적 사위기대 및 외적 발전적 사위기대 형성의 능력이다."[12]

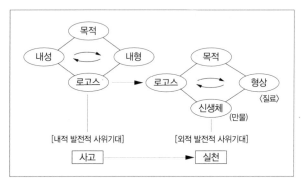

그림설명 | 창조의 2단 구조 |

이러한 하나님의 창조성 설명에 비추어 인간의 창조성을 유비적으로 생각해 볼 수 있다. 인간이 무언가를 창조하려고 할 때, 우선 내적 사위기대가 형성되는데, 이것은 바로 구상하는 것 또는 새로운 아이디어를 개발하는 것이다. 그리고 외적 사위기대

---

12. 『통일사상요강』, 249쪽.

형성은 그 구상 혹은 신新아이디어에 따라 인간이 기계와 원료를 적절히 사용(수수작용)해서, 구상대로의 새로운 제품을 만들어 내는 것을 뜻한다. 인간은 하나님의 창조성을 닮아 다른 동, 식물과는 비교할 수 없는 수준의 창조의 능력을 가진 존재이다.

그렇다면 하나님은 왜 인간에게 창조성을 부여하셨는가? 그리고 부여받은 창조성을 개발한다는 것은 무엇을 뜻하는가? 통일사상에서는 인간이 만물에 대해 창조주의 입장에 서게 하여 만물에 대한 주관 자격을 얻도록 하기 위함이었다고 역설한다. 그리고 **만물 주관**과 **창조성 개발**에 대해 다음과 같이 설명한다.

"만물 주관이란 만물을 아끼고 소중히 하면서, 그 만물을 마음대로 다루는 것을 말한다. 바꾸어 말하면 인간이 사랑의 마음을 갖고 여러 가지의 사물을 다루는 것을 만물 주관이라 하며, 여기에는 인간 생활의 거의 모든 영역이 포함된다. 예컨대 경제, 산업, 과학, 예술 등이 모두 만물 주관의 개념에 포함된다. 지상의 인간은 육신을 쓰고 살기 때문에 거의 모든 생활영역에서 물질을 다루고 있다. 따라서 인간생활 전체가 만물 주관의 생활이라고 해도 과언이 아니다."[13]

"창조성의 개발이란, 요컨대 하나님의 창조의 2단 구조를 본받아 내적 사위기대 형성의 능력을 증진시키고 외적 사위기대 형성의 숙련도를 높인다는 뜻이다. 내적 사위기대 형성의 능력이란 로고스의 형성 능력, 즉 구상의 능력을 말한다. 그러기 위해서는 지식교육을 통하여 지식을 많이 획득하여 내적 형상(관념, 개념 등)의 내용을 질적, 양적으로 높이지 않으면 안 된다. 따라서 얻은 지식(정보)이 많을수록 구상이 풍부해진다. 로고스를 형성한다는 것은 소위 아이디어의 개발을 뜻하며, 산업에 있어서의

---

13. 『통일사상요강』, 82~83쪽.

기술혁신도 부단한 로고스 형성(구상)의 반복에 의해서 이루어지게 된다. 다음에 외적 사위기대 형성의 능력을 양성한다는 것은 일정한 구상에 따라 도구나 재료를 사용하여 구상을 실체화하는 능력을 높이는 것, 즉 외적 수수작용의 숙련도를 높이는 것을 말한다. 그러기 위해서는 기술교육이 필요하다."[14]

우리의 생활세계는 이렇듯 끊임없는 창조성의 개발과 더불어 만물 주관, 즉 만물(다른 존재자)과의 관계맺음 속에서 이루어진다. 우리의 만물과의 관계맺음은 우리의 의식 내부에만 머무르는 것이 아니다. 통일사상에서 말하는 인간과 만물과의 관계맺음은 후설E. Husserl, 1859~1938 식의 '의식의 현상학'으로다 잡아낼 수 없다. 우리의 만물과의 교섭은 구체적인 몸(신체)으로 부딪쳐가며 관계 맺는 것이다.[15] 하

---

14. 『통일사상요강』, 370쪽.
15. 후설은 초기에 '의식의 지향성'(intentio) 개념을 중심으로 하는 '의식의 현상학'을 강조하다 후기에 가서는 '생활세계'(Lebenswelt) 개념을 사용해 '생활세계의 현상학'을 전개시켰다. 이러한 생활세계의 현상학의 영향 아

나님을 닮아 창조된 인간, 그리고 구체적인 세계 안에 존재하는 인간은 사유(생각)나 언어로만 만물(다른 존재자)들을 만나거나 관계 맺는 것이 아니다. 통일사상에 의하면 인간은 심정의 충동력에 의하여 知的, 情的 그리고 義的활동을 하게 된다. 그런데 인간의 知的, 情的 그리고 義的활동이 모두 물질을 다룬다는 공통점이 있기 때문에 이러한 전체의 문화활동도 사실은 인간의 창조성에 의한 주관활동인 것이다.[16]

통일사상에서 주관(기술)교육의 특징은 인간과 만

래 하이데거나 메를로-퐁티 같은 철학자들은 자신들의 철학적 문제의식에 입각하여 현존재(Dasein) 분석의 방법이나 신체의 현상학으로 개척해 나갔다. 필자는 통일사상에서 수없이 나오는 인간과 만물과의 관계맺음의 현상을 후설이 말하는 '생활세계' 개념 또는 하이데거의 '세계-내-존재'(In-der-Welt-sein)라는 개념과 관련해서 철학적 혹은 존재론적인 깊은 의미를 발굴할 수 있다고 본다. 여기서는 논의의 주제를 너무 벗어나기에 다만 참조할 수 있는 책들을 소개만 하기로 한다. Husserl, E., Die Krisis der europäischen Wissenschaften und die transzendentale Phänomenologie, Felix Meiner, Hamburg 1982.(『유럽학문의 위기와 선험적 현상학』, 이종훈 옮김, 한길사, 1997).; Heidegger, M., Sein und Zeit(GA2), Vittorio Klostermann Frankfurt a. M., 1977(『존재와 시간』, 이기상 옮김, 까치, 1998); 한국현상학회 편, 『생활세계의 현상학과 해석학』, 서광사, 1992.
16. 『통일사상요강』, 69~70 참조.

물(다른 존재자)과의 존재위상의 설정과 인간의 창조성을 책임분담(책임의식, 책임의 원칙)과 함께 고려한다는 점에 있다. 다시 말해서 인간과 만물을 비록 형상적 개성진리체와 상징적 개성진리체라고 보며 주체-대상의 관계로 설명하지만 이것은 흔히 서양철학에서 말하는 주-객 분리의 관점과는 다른 것이다. 특히 서양 근대철학의 인식론적 패러다임에서는 인간이 이성적 작업(과학과 기술)을 통하여 자연(대상)에 대해 거리두기distantiation를 할 수 있었으며 인간만이 주체의 자리에 서는 것이 가능하게 되었다. 그리고 점점 인간의 이성은 권력이성이 되어갔으며 "나는 생각한다. 그러므로 나는 존재한다."(데카르트)라는 서양 근대철학의 출발은 "권력에의 의지"(니체)로 그 종말을 맞게 되었던 것이다.[17]

이에 반해 통일사상에서 말하는 주체-대상논리는 주체가 대상을 일방적으로 지배하여 주체의 세

---

17. Heidegger, M., "Überwindung der Metaphysik", Vorträge und Aufsätze (GA7), Neske Pfullingen, 1978 참조.

계로 편입시키는 동일성의 폭력이 아니다. 예를 들어, 인간과 자연을 주체와 대상의 위상에 두고 보았을 때, 인간이 일방적으로 자연을 정복하고 지배한다는 의미가 아니다. 통일사상의 주체-대상논리에는 언제나 그 주체-대상의 긴장을 극복하고 뛰어넘을 수 있는 한 차원 높은 '심정' 또는 '(창조)목적'을 상정하고 있다. 그래서 바로 이 '심정' 또는 '목적'에 의해 자칫 갈등과 대립관계로 치닫기 쉬운 주체-대상은 원만하고 조화로운 관계를 유지하게 되는 것이다.

다음으로 통일사상의 주관(기술)교육의 설명에서 주목할 점은 흔히 과학과 기술의 가치중립성이나 무가치성을 주장하는 것과는 다르게 인간의 창조성과 더불어 항상 인간의 책임분담을 함께 생각한다는 것이다. 만물은 (생명의) 원리 자체의 자율성과 주관성에 의해 성장하지만 만물을 주관하는 입장에 있는 인간이 만물 주관주의 자리에 서기 위해서는 자신의 책임분담을 완성해야 한다. 이 책임분담은 바로 사랑의 마음으로 만물들의 가치를 온전히 탈은폐脫隱蔽, Aletheia, Unverborgenheit시키는 방향으로 주관할 수 있게 하는 영인체의 성장, 심정 수준의 향상을 뜻한다.

'만물 주관의 직접적인 수법'인 기술을 절대가치에 바탕해서 심정문화를 확대하는 방향으로 이끄는 힘이 바로 인간의 책임분담 완성에서 오는 것이다. 여기서 '영인체의 성장'이란 영인체의 영성의 성숙과 인격의 향상을 뜻한다. 또한 심정 수준의 향상을 뜻한다. 요컨대 하나님의 사랑을 실천할 수 있는 마음 자세의 성장이 바로 영인체의 성장인 것이다.[18]

통일사상에서 주관(기술)교육에 앞서 이렇듯 책임분담 완성, 즉 영성의 성숙과 인격의 향상을 강조하는 것은 무엇을 말하는가? 그것은 바로 모든 만물주관에 관한 문제는 사실 '인간이란 무엇인가' 하

---

18. 『통일사상요강』, 85쪽.

는 본성론의 문제로 귀결된다는 것이다. 인간의 모든 활동, 제도, 규범, 시스템 등을 구상할 때는 언제나 그 밑바탕에 '인간이란 무엇인가' 하는 마루 되는 설계觀가 있어야 한다. 그렇지 않고서는 어떠한 인간의 주관활동, 예컨대 기술, 과학, 정치, 문화 등을 말하더라도 그 핵심을 놓치게 되는 것이다.[19] 요약해서 말하자면, 진정한 주관(기술)활동은 진정한 사람됨에서 가능한 것이다. 그래서 통일사상에서는 **주관(기술)교육**에 앞서 **심정교육**과 **규범교육**을 강조하고 있는 것이다. 인격자와 선민善民이라는 사람의 속성과 가장 대조되는 사람의 속성은 이기심이다.

통일사상에 의하면 인간의 창조성은 바로 이 이기주의, 자기중심주의 때문에 왜곡되는 것이다. 그

---

19. 예를 들어, 정치문제에 있어서도 정치이론의 기초로서 인간론의 정초작업이 선행되어야 할 것이다. 이러한 문제의식 아래, 통일사상의 본성론에 입각하여 정치이론의 기초로서의 새로운 인간론을 제시한 바에 대해서는 다음의 논문을 참조. 야가사키 히데노리, 「정치이론 기초로서의 인간성론(새로운 인간관의 확립을 위해)」, 통일사상학회, 『통일사상연구』(제4집), 2003, 159~185쪽.

러므로 21세기를 위한 바람직한 인간의 창조활동, 주관(기술)활동은 자기중심성, 이기성을 극복하는 절대가치 혹은 심정적 가치의 발견으로부터 가능하게 될 것이다.[20] 결론적으로 이러한 이기주의를 극복한 우리의 만물 주관 활동을 통해 살림, 모심(섬김), 비움 그리고 나눔이라는 21세기가 요구하는 심정문화의 논리와 문법을 정착시킬 수 있을 것이다.

20. 『통일사상요강』, 81~82쪽 참조.; 통일사상연구원 초대원장이었던 이상헌 선생은 '참된 창조성이란 하나님의 창조성, 즉 하나님의 심정(사랑)을 중심으로 한 창조성인 것인데, 타락한 인간의 창조성은 많은 경우, 자기중심적인 창조성이며 개체목적 중심의 창조성이었다고 보고 공해문제, 자원의 남용, 예술의 저속화, 침략병기의 개발 등은 타락한 인간의 창조성, 즉 사랑이 결여된 창조성에 의해서 산출된 것'이라고 강조한다. 따라서 21세기 심정문화세계의 정착을 위해 시급한 문제 중 하나는 인간이 심정을 중심으로 한 본래의 창조성을 회복하는 일이라고 역설한 것이다. 이상헌, 『共産主意의 終焉』, 일념, 1986, 352~366쪽 참조.

기술철학의 정초문제와
통일사상의 과제

1) 기술연구의 기초로서의 통일사상

우리가 앞서 "기술문화시대와 통일사상의 '주관' 개념"에서 살펴본 바와 같이 통일사상에서는 기술을 "(인간의) 만물 주관의 직접적인 수법"으로 간주한다. 즉 인간이 만물을 다루고 관리하는 데 필요한 수단과 방법으로 보는 것이다. 이는 통일사상이 취하고 있는 인간과 만물의 존재론적 위상의 이론적인 틀에서 자연스럽게 도출되는 것이다.

만물의 주관자로 지음 받은 인간은 자신의 책임 분담 완성을 통하여 만물을 온전히 주관하게 된다.

그런데 인간이 만물(대상적 존재)을 주관하는 데에는 기술이 필요하다. 한편 만물 주관이라는 개념에는 우리 삶의 제반 분야(정치, 경제, 과학, 예술 등)가 들어가므로 통일사상이 지향하는 심정문화적 삶의 수행은 주관활동(기술)과 밀접한 관련이 있다. 우리의 심정적 삶은 주관활동(심정적 가치를 바탕으로 한 앎)에 의해 인도되고 또한 주관활동은 우리의 심정적 삶에 되먹임되어 우리의 생활세계를 더욱 풍요롭게 한다.

아리스토텔레스에 의하면 우리의 앎에는 3가지 유형, 즉 **이론적 앎**theoria, **실천적 앎**praxis, **기술적 앎** techne이 있는데 오늘날과 같은 테크놀로지 시대에는 단연코 기술적 앎, 다시 말해 뭔가 만들어 내고 제작해 내는 데 탁월한 앎을 소유한 자가 각광 받는 인간 유형이 되어 버렸다. 기술시대에 사람의 사람됨은 더 이상 지혜나 인격 또는 덕 있음이나 착함으로 평가되기 어려워졌다. 그 사람이 얼마나 이용가치가 있는 제품을 혹은 아이디어를 제작하고 생산해 내느냐에 따라 사람됨이 저울질되는 것이다. 연봉이 얼마냐에 따라 또는 소유가 얼마냐에 따라 그 사람됨(존재함)을 가늠하는 것이다.

기술이 발달함에 따라 우리의 삶에서 물질적 차원, 신체적 차원에서는 참으로 편리하고 이상사회에 가까운 모습으로 다가가고 있다. 그러나 통일사상에서 강조하고 있듯이 인간의 책임분담 완성, 즉 진정한 만물주관을 위한 심정의 성숙, 인격의 향상, 위하는 정신의 결핍과 부재로 인해 우리 삶의 본질적 요소인 **영성적 차원**은 점차 피폐해져 가고 있다. 이는 우리가 바람직한 목적성 또는 절대가치를 중심해서 기술을 개발하고 이용하지 못하고 오히려 기술에 온통 영혼과 정신을 빼앗기는 기술의 노예가 되어가고 있기 때문이다. 그러므로 우리는 기술의 가치중립성 또는 무가치성을 주장하는 견해에 동의할 수 없는 것이다.

근대 이후 우리의 삶과 사회를 행복하게 하고 낙원으로 인도해 줄 것으로 여겨 그토록 찬양 받아온 과학과 기술이 이제는 점점 환경오염, 탈인간(포스트휴먼), 생체복제 등의 문제로 인해 우리를 불안하게 만들고 있다. 어느 누구도 기술로부터 자유로울 수 없다. 현대는 기술이 인간을 조종하고 통제하는 데까지 이르렀다. 이는 바로 과학과 기술의 중립성을 주장하며 (창조)**목적**이나 (절대)**가치**에 관한 고려를 애써 외면해 왔기 때문이다. 여기에는 현대과학의 방법론도 한 몫을 하고 있다. 이러한 현대과학에서의 탈－가치적 내지 무신론적 방법론에 대해 통일사상에서는 하나님의 사랑으로 인한 진리와 선과 미인 절대가치(심정적 가치)를 발견해야 한다고 역설하며 21세기를 맞은 인류에게 하나님주의(심정철학) 르네상스가 일어나야 함을 강조하는 것이다.[21]

이상의 내용을 종합하여 말해 본다면, 기술연구의 기초를 놓는다는 입장에서의 통일사상에서는 기

---

21. 문선명선생말씀편찬위원회, 『문선명선생말씀선집106』, 성화사, 1990, 52~56쪽 참조.

술을 인간이 만물을 주관하는 데 필요한 수법으로 보지만 인간의 창조성 그리고 창조성의 결과물인 기술은 하나님의 심정을 동기로 하는 목적과 방향을 지향한다고 정리할 수 있다. 다시 말해 통일사상에서는 인간의 창조성과 기술문제에 있어 항상 사실과 가치를 함께 생각한다는 것이다. 통일사상의 근본입장은 '심정'과 '목적'을 중심하고 존재와 가치를 **함께－속해－있음**으로 보는 데 있다. 따라서 기술연구의 기초로서의 통일사상에서 기술연구는 (만물)주관의 물리적 힘으로서의 기술(사실적 측면)과 그 기술을 사용하는 인간의 본성을 통해 발현되는 심정적 가치(가치적 측면)를 붙이고라고 보는 관점에 기초해서 수행되어야 할 것이다.

2) 기술철학의 정초문제와 통일사상의 과제

통일사상에서 기술을 인간의 만물 주관의 직접적인 수법으로 보는 것은, 기존의 기술철학적 관점에서 보자면, 기술에 대한 도구적, 인간학적 규정

instrumentale und anthropologische Bestimmung der Technik이라고 볼 수 있다. 다시 말해, 기술은 인간이 만물과의 관계맺음에서 만물 주관이라는 목적을 위한 수법이라는 것이다. 그래서 기술은 어디까지나 인간 행위의 하나라는 것이다. 그런데 이러한 기술에 대한 이해와 진단은 바로 통일사상의 인간과 만물의 존재론적인 위상 정립에서 기인하는 것이다.

인간과 만물의 관계를 주체와 대상 관계로 보는 것은 서구 근대철학의 패러다임, 즉 인식론적 패러다임과 유사하지만, 그러한 관계설정의 이면에 흐르고 있는 논리는 상당한 차이가 있다. 통일사상에서 만물의 주체인 인간은 권력이성과 권력에의 의지로 대상(자연, 세계)을 일방적으로 해석하고 지배하는 존재가 아니다. 서구 근대철학에서처럼 인간만이 주체가 되어 인간이 신의 자리에 올라서서 대상 정복적인 자세와 태도로 살아가는 존재가 아니라는 말이다.

흔히 주체라는 개념 속에는 대상 정복적, 마주 서

있는 것Gegenstand에 대한 지배 등의 뉘앙스가 전제되어 있는 것이 서구 근대철학사에서의 일반적인 경향이다. 이에 반해 통일사상에서의 주체-대상논리에는 항상 그 주체-대상이라는 평면적인 관계를 초월하고 또한 그 관계를 근원적으로 가능하게 하는 '목적'과 '중심'이 전제되어 있다. 그것이 바로 '심정'과 '(창조)목적'이라는 것이다.[22] 모든 만물 자체에서의 운동이나 인간과 만물과의 관계 그리고 인간 사이의 관계맺음(수수작용)은 이 '심정'과 '목적'이라는 중심으로 인해 본래적인 의미에서 가능하게 된다. 그러므로 지금 우리가 논의하고 있는 기술이라는 것도 인간과 만물과의 관계맺음 혹은 인간 사이의 관계에서 필요한 것이기 때문에 '심정'과 '목적'이라는 중심을 배제하고는 생각할 수 없다.

통일사상에 의하면 하나님의 존재원리를 닮은 인간은 '심정'과 '목적'을 바탕으로 기술을 사용하고 개

---

22. 『통일사상요강』, 94~147쪽 참조.

| 제3장 |

발하는 데에서 기술의 참다운 가치와 의의를 찾을 수 있다. 이러한 통일사상의 '기술' 이해는 '심정'과 '목적'이라는 가치 지향적 내용과 인간과 만물의 존재론적인 위상 정립의 논리로부터 귀결되는 것이라고 볼 수 있다.

이러한 통일사상의 기술에 대한 전반적인 이해에 기대어 이제 필자는 통일사상의 입장에서 오늘날 쏟아져 나오고 있는 기술철학들에 관한 정초문제를 논구해보고자 한다. 이는 오늘날 기술로 인한 현실적인 문제들, 예를 들어 사이버 범죄, 사이보그 인간 출현, 포스트 휴먼(탈-인간) 등의 사태들을 염두에 두고 통일사상의 기술에 대한 도구적, 인간학적 규정을 넘어선 **존재론적인 의미**를 말해야 함을 함축하고 있는 사태이다.[23] 여기서 우리의 연구

23. 최근 들어 국내에서도 사이버, 인터넷으로 대표되는 기술의 문제에 대한 철학적, 신학적인 논의들이 활발하게 진행되고 있다. 이는 철학과 신학이 바로 우리의 삶, 현실문제와 수(受授受)의 관계에 있다는 것을 말하는 것이다. 구체적인 내용은 다음의 글들을 참조. 이종관, "사이버문명, 포스트 휴먼, 인간의 운명", 『21세기를 향한 철학의 화두-인간, 사회, 자연에 관한 새로운 성찰』, 제13회 한국철학자 연합대회 발표원고, 2000; 이상훈,

의 초점은 통일사상의 기술에 대한 이해가 틀렸다
는 것을 지적하려는 것이 아니라 현재 급속도로 발
달하고 있는 기술 그리고 그 기술로 인한 우리 삶의
수많은 문제들, 즉 환경문제, 생명위기, 성스러움의
상실 등에 대해 통일사상에서의 기술철학담론을 계
발하여 현실적인 문제들에 대해 구체적으로 응답해
야 하는 과제를 수행한다는 데 있다.

우리가 통일사상의 입장에서 기술철학의 정초문
제를 본격적으로 말하기에 앞서 오늘날의 기술철학
이 어느 정도까지 개진되어 왔는가에 대해 살펴볼
필요가 있다. 그동안 그리고 오늘날 세계적으로 기
술철학계에서 큰 영향력을 행사하고 있는 기술철학
자로는 하이데거, 자끄 엘룰, 돈 아이디 등이 있다.

"사이버공동체와 테크노 철학─사이보그를 위한 디지털 사회존재론", 「21
세기를 향한 철학의 화두─인간, 사회, 자연에 관한 새로운 성찰」, 제13회
한국철학자 연합대회 발표원고, 2000; 임홍빈, 「기술문명과 철학」, 문예,
1995; 돈 아이디, 「기술철학」, 김성동 옮김, 철학과 현실사, 1999; 양명
수, 「호모 테크니쿠스」(2판), 천안: 한국신학연구소, 1997.

앞으로는 이 기술철학 방면에서 수많은 철학자들이 나올 것이다. 그만큼 시대정신을 개념으로 붙잡아야 하는 철학은, 오늘을 생각하는 사람은 지금의 기술적 세계를 도외시할 수 없다는 것이다. 어쨌든 그동안 기술철학자들이 오늘날의 '기술현상'에 대해 많은 담론들을 쏟아냈는데, 그 중 가장 큰 영향력을 행사한 철학자 중 한 명이 바로 하이데거이다. 그러므로 21세기를 통일사상과 더불어 심정문화세계로 만들어가고자 생각하는 삶에 몸을 던진 우리는 20세기 대표적 기술철학자인 하이데거의 말에 귀 기울일 필요가 있다. 새로운 심정문화세계를 형성하는 데 기여하려는 통일사상에서의 기술철학담론은 그동안의 기술철학을 점검하고 극복하여 대안을 제시해야 하는 과제를 안고 있기 때문이다. 그렇다면 먼저 하이데거의 기술에 대한 생각을 읽어보기로 하자.

"기술의 본질은 기술적인 어떤 것이 아니다."[24]

"기술은 탈은폐의 한 방식이다. 기술은 탈은폐와 비은폐성인 알레테이아aletheia, 즉 진리의 사건이 일어나고 있는 그곳에 본질적으로 존재한다."[25]

"주문 요청하는 탈은폐로서의 현대 기술은 단순한 인간의 행위가 아니다. 그렇기 때문에 우리는 인간으로 하여금 현실적인 것을 부품으로서 주문 요청하도록 인간을 닦아세우는 그 도발적 요청은 역시 드러나는 그대로 받아들여야 한다. 그러한 도발적 요청은 인간을 주문 요청에로 집약시킨다. 그리고 이렇게 집약시키고 있는 것은 인간으로 하여금

---

24. "So ist denn auch das Wesen der Technik ganz und gar nichts Technisches.", in: Heidegger, M., "Die Frage nach der Technik", Vorträge und Aufsätze(GA7), Neske Pfullingen, 1976. 9쪽; 『기술에 대한 논구』, 『기술과 전향』, 이기상 옮김, (서광사, 1993), 15. (이하 『논구』와 『기술과 전향』으로 표기).

25. "Technik ist eine Weise des Entbergens. Die Technik west in dem Bereich, wo Entbergen und Unverborgenheit, wo Aletheia, wo Wahrheit geschieht.", in: 『논구』, 17쪽; 『기술과 전향』, 37쪽.

현실적인 것을 부품으로서만 주문 요청하는 데 몰두하게 한다."[26]

위의 인용에서 알 수 있는 바는 우리가 흔히 생각하는 대로 '기술의 본질'das Wesen der Technik이 기계적인 (도구적 의미에서의) '기술적인 것'Technisches이 아니라는 것이다. 오히려 기술은 진리를 드러내어 세계를 구성하는 한 방식이라는 것이다. 기술은 우리에게 은폐되어 있던 어떤 사태를 밝혀내는 힘이다. 그러므로 우리는 기술을 삶의 도구나 수단으로 간단히 생각할 수가 없는 것이다.

마지막으로 하이데거에 의하면 이러한 현대 '기술의 본질'은 도발적 요청Herausfordern과 닦달(Ge-stell, 몰

---

26. "So ist denn die moderne Technik als das bestellende Entbergen kein bloss menschliches Tun. Darum muessen wir auch jenes Herausfordern, das den Menschen stellt, das Wirkliche als Bestand zu bestellen, so nehmen, wie es sich zeigt. Jenes Herausfordern versammelt den Menschen in das Bestellen. Dieses Versammelnde konzentriert den Menschen darauf, das Wirkliche als Bestand zu bestellen.", in: 『논구』, 22~23쪽; 『기술과 전향』, 51~53쪽.

아세움)[27]이다. 기술은 인간에게 인간이 마주하고 있는 다른 모든 존재자(만물)들을 몰아세우도록 요청한다. 그래서 그 존재자들을 인간 앞에 세워 놓고 조작을 가하여 부품으로, 상품으로 만들게 한다. 아니 더 나아가 인간 자신마저도 부품화, 상품화하도록 부추긴다. 전통적인 인간 이해 방식에서는 상상도 못할 일이 일상적으로 벌어지고 있는 현실이 되었다. 어떻게 인간을 기계 부속품 갈아 끼우듯이 취급할 수 있는가? 어떻게 개인 심정의 완성과 가정의 완성에서 큰 비중을 차지하는 성性을 쉽게 돈을 주

---

27. 하이데거는 서양의 형이상학이 그때그때의 존재의 역운(歷運)에 따라 이데아, 에네르게이아, 주체, 의지, 힘에의 의지 등으로 각인되어 왔다고 한다. 이것이 현대에는 기술(Ge-stell, 닦달, 몰아세움)의 형태로 나타나고 있다고 본다. 하이데거는 인간이 비은폐성과의 탈자적인 연관에서 이 비은폐성에서부터 닦아세워지는 양식은 집약시키는 특징을 띠고 있다고 한다. Ge-stell에서 전철 'Ge-'는 비은폐성의 닦아세우는 근본 특성에서의 집약시키는 것을 지칭하고, 후철 '-stell'은 인간을 닦아세우는 세움과 또한 존재자를 다양한 주문요청의 방식으로 닦아세우는 세움을 의미한다. 참조. 이기상, 『하이데거의 존재사건학(존재진리의 발생사건과 인간의 응답』, 서광사, 2003, 195~298; 'Gestell'에 대한 더 자세한 내용은 다음의 논문을 참조. 이기상, 『현대기술의 극복과 전향』, 『기술과 전향』, 서광사, 1993, 179~181쪽.

고 거래할 수 있으며 스와핑이라는 형태로 호기심과 기분전환을 위한 도구로 바라볼 수 있는가? 이러한 현상이 인류 역사 이래 있어왔다고 하지만 기술시대에 와서는 공공연하게 우리 삶의 한복판에서 벌어지고 있는 일상적인 사건이 되어 버렸다. 기술은 이 모든 것을 아무런 놀라움이 없는 자명한 일로 만들어 버렸다.[28] 어느 누구도 나서서 문제 삼지 않으려고 한다. 언제 어디서 자신도 모르게 사생활을 침해받으며 기술적 대상의 상품이 될지 모르기 때문이다.

기술은 인간을 기다리지 못하는 인간으로 만들어

---

28. 오늘날의 기술은 이렇듯 통일사상에서 강조하는, 3대 축복이 실현된 삶의 세계, 즉 심정문화세계를 위한 삶의 방식, 즉 개성완성, 가정완성, 주관성 완성을 해체하는 힘으로 많이 작용되고 있다. 이러한 시대에 참사랑의 정서와 가정의 중요성 그리고 심정적 가치를 회복하고자 하는 사유가들(심정철학자)은 기술에 대한 경악(驚愕, das Erschrecken)과 경이(驚異, das Erstaunen) 그리고 초연함(超然-, Gelassenheit)이라는 기분을 복합적으로 느끼게 되며 기술문화적 삶의 문화(위기)에 관해 철학적 반성을 하게 되는 것이다. 기술시대에 우리가 느끼게 되는 근본 기분들에 대한 자세한 내용에 대해서는 다음의 논문을 참조. 구연상, 『기술시대의 근본기분(하이데거의 기술강연을 중심으로)』, 『철학과 현상학 연구』(제19호), 한국현상학회, 2002 가을, 53~78쪽.

버린다. 모든 존재자들을 주문 요청의 대상으로 보게 하고 효율성과 실용성 추구의 삶을 최고의 가치 있는 삶으로 여기게 만든다. 기술은 바로 우리의 존재를 보는 눈, 세계를 보는 관觀을 바꿔 버렸다. 더 이상 존재의 신비나 존재의 비밀 또는 자연의 장엄함이나 자연의 신비는 우리에게 놀라움이나 경건함을 주지 못한다. 인간은 점점 생각하는 인간이 아닌 조작하는 인간이 되어 간다. 그러므로 이러한 현대의 호모 테크니쿠스(기술적 인간)의 존재방식은 다음과 같은 명제로 표현될 수도 있을 것이다.

'나는 조작한다. 그러므로 나는 존재한다.'

위에서 살펴본 바와 같이, 오늘날의 기술문명에서는 인간과 기술의 관계를 근대철학적 의미에서의 주체와 객체의 관계로 볼 수 없게 되었다. 기술은 근대에 들어 그 가치와 영향력이 점차 증대되었고, 20세기 들어서는 인간의 삶의 양식을 송두리째 바꾸어놓을 정도로 그 힘이 비대해진 문화현상이다.

통일사상에 의하면, 인간은 관계적 존재로서 하나님과 타인 그리고 자연(만물)과 관계를 맺고 살아가며 그러한 관계성 속에서 '심정'과 '(창조)목적'을 중심하고 자신의 창조성을 발휘하면서 살아야 하는 존재이다. 그런데 오늘날의 기술문화 속에서 많은 현대인들은 그러한 관계맺음의 방식을 자기의 이기적 욕망을 채우는 방향으로 꾸며가고 있다. 더 나아가 오늘날의 기술문화가 지니고 있는 가치중립성 또는 가치무관성 때문에 더욱더 위험한 방향으로 흘러가고 있다.

이에 앞으로 기술문명이 나아가야 할 길에 대한 제시는 중요한 철학적 작업 중의 하나일 것이다. 물론 이러한 일이 한 철학자의 힘으로 완성되는 것은 아니지만, 존재론과 가치론을 항상 공속의 차원에서 사유하려는 통일사상(심정철학)만이 적어도 위험한 방향으로 가고 있는 기술문명에 대해 비판하거나 혹은 21세기 기술문명의 새로운 방향을 제시함을 통해 현대인들의 석화石化된 의식을 깨우칠 수 있을 것이다. 이러한 오늘날의 기술문화적 삶의 위기에 대한 문제의식에 기반하여, 통일사상의 입장에서 기술철학의 정초문제와 앞으로의 과제에 대해 생각해보기로 하자.

이러한 문제와 관련하여 필자는 세 가지 과제, 즉 기술시대의 본질 해명, 기술시대에서 심정의 의미와 윤리적 성격, 통일사상에 나타난 인간과 기술의 관계 재고를 중심으로 이야기해 보기로 하겠다. **먼저**, 통일사상의 입장에서 오늘날의 기술시대의 본질 해명 과제에 대해 음미해 보기로 하자.

우리는 기술문명이 가지고 있는 긍정적 측면을 잘 알고 있다. 분명 기술은 인간을 단순노동으로부터 해방시킴으로써 인간에게 보다 많은 자아실현의 여유를 제공하였다. 그리고 기술은 인간 생활에 있어 합리주의 정신을 정착시키는 데 기여하였다. 객관적으로 검증이 되는 것만을 받아들이는 기술은 주관적

인 것에 근거한 모든 생활양식을 자연스럽게 비합리
적인 것으로 도태시켜버렸다. 마지막으로 기술은 이
전의 그 어떤 종교나 이데올로기보다 더 빠르게 확
산되면서 지구촌 시대를 여는 데 기여하였다.

그렇지만 현대기술문명의 이러한 긍정적 측면
의 이면에는 앞서 말한 부정적 측면이 뿌리 깊게 내
재되어 있는 바, 기술에 의한 세계의 하나 됨은 모
두 똑같은 획일적, 즉 마르쿠제의 표현대로라면 일
차원적 인간들을 양산하고 그렇게 함으로써 하나님
과 인간(종교문화), 인간과 인간(정치문화), 그리고 인간
과 자연(여가문화)의 관계를 왜곡시켜 각각의 사이에
서 소외현상을 일으킨다. 그래서 점차 기술은 하나
님과 인간 그리고 만물의 사이를 도저히 회복될 수
없는 지경으로까지 일방적으로 몰아세운다. 그렇게
빠르게 몰아세우는 삶 속에서 현대인들은 무사유無
思惟에 빠지고 심정적 가치를 외면하게 된다.[29]

---

29. 박희영, 『철학과 문화』, 한국외국어대학교 인문과학연구소 편, 『현대사회
   와 철학교육』, 대구: 이문, 1993, 24~59쪽 참조.

그래서 오늘날 이러한 기술문명 또는 기술시대의 본질을 통찰한 현대의 많은 기술철학자들은 인간과 기술의 관계를 주체와 대상의 관계, 즉 기술은 인간의 도구에 불과하다는 견해를 유지할 수 없다고 본다. 기술은 이제 나름대로의 자율성과 생명력을 갖고 인간의 통제력을 벗어나 가고 있다. 기술이 오히려 인간을 지배해가고 있는 실정이다. 이러한 기술의 인간지배를 하이데거는 '몰아세움Ge-stell'으로 규정한 것이다. 추상적이고 획일적인 이념화에 기반을 둔 현대의 기술은 원칙적으로 인간의 본성과 조화를 이루지 못한다. 여기에서 인간은 점점 원자화, 고립화되어가며 수많은 '인간소외' 현상을 겪고 있다. 그리고 기술시대에 인간들은 자신이 자라온 근원세계인 '생활세계' 혹은 '고향세계'를 상실해 간다. 결론적으로 기술시대는 생활 속에서의 하나님의 축출, 타인과의 의사소통의 왜곡 그리고 구체적인 삶의 세계로부터 우리들을 분리시켜 우리들의 삶을 황폐화시키는 측면을 함의하고 있다. 이는 근원적

146

으로 이념화에 뿌리를 둔 기술문명이 안고 있는 필연적 숙명인 것이다.[30]

이에 통일사상에서의 기술철학은 오늘날 기술철학에서의 기술문명과 기술시대에 대한 본질 해명에 귀 기울이면서 그동안 계산적, 도구적 이성으로 협소해진 이성을 복원하는 일과 그 이성의 심정과의 관계에 관한 보다 정교한 담론을 형성해가야 할 것이다.

둘째로 21세기를 위한 통일사상의 기술철학을 정초하는 데 있어 우리는 기술시대에서 심정의 의미와 윤리적 성격에 대해 말하지 않을 수 없을 것이다. 통일사상에서의 핵심개념 중 하나인 '심정'은 "사랑하면서 기뻐하려는 정적인 충동"[31]이다. 그러므로 심정의 가치를 기반으로 한 심정문화는 상대

---

30. 박인철, 『기술시대와 사랑의 윤리학(후설, 하이데거, 프롬의 사랑론을 중심으로)』, 철학연구회, 『철학연구(제66집)』, 2004년 가을. 145~166쪽 참조.
31. 『통일사상요강』, 66쪽.

를 위하여 존재하는 논리를 함축하고 있다. 이러한 심정개념이 기술문명 혹은 기술철학을 정초하는 학문적 작업을 함에 있어 왜 중요한 것인가? 그것은 바로 이 심정의 윤리학, 다시 말해 통일사상에서 강조하는 3대 축복의 삶의 방식Modus Vivendi이 오늘날 기술문명에서의 온갖 소외문제들을 해결할 수 있기 때문이다. 제1축복의 삶의 방식(마음과 몸의 통일, 개인의 평화), 제2축복의 삶의 방식(남편과 아내의 하나 됨, 가정의 평화) 그리고 제3축복의 삶의 방식(인간과 자연의 공생, 지구의 평화)이 온전히 실현되도록 하는 데 기여하는 통일사상(심정철학)은 기술문명 속에서 심정적 가치와 삶의 뜻을 잃고 헤매는 오늘날 기술적 인간들에게 이정표의 역할을 충분히 할 수 있다.

우리가 살아온 지난 20세기의 현대 기술문화적 삶의 방식에서는 평화로운 삶을 제대로 살 수가 없었고 실제 살지도 못했다. 발전과 경쟁의 시장논리로만 우리 삶의 전 영역을 재단했기 때문이다. 더욱

이 과학과 기술의 힘을 전쟁에 쏟아 부어 서로를 얼마나 피곤하게 했으며, 제1세계니 제3세계니 나눠, 그리고 민주와 공산으로 분열되어 얼마나 비참하게 싸워왔는가?

그런데 이제 21세기 들어서 여기저기서 '성장의 한계'를 넘어 '경쟁의 한계'를 말하고 있다. 더 나아가 이제는 이성의 힘(과학과 기술)을 키워 자신의 권력의지를 확장시키는 문화보다는 살리고, 모시고, 비우고, 나눔으로써 서로 상생할 수 있는 마음개벽의 문화, 즉 심정문화의 세계를 지향해야 한다는 데 많은 뜻있는 사람들이 동참하고 있다.

필자는 현대인들이 그토록 추구하는 '웰빙'의 의미도 바로 이 심정문화에서 찾을 수 있다고 생각한다. 통일사상에서 강조하는 심정과 참사랑은 그 성장이 시간과 더불어 가며 경험과 더불어 서서히 성숙해 가는 것이다. 따라서 현대인들은 통일사상의 심정과 참사랑의 가르침을 통하여 '기다림의 삶의 미학'과 '느리게 산다는 것의 의미'에 대한 지혜를 배울 수 있을 것이다. 기술적 인간들은 통일사상의 심정윤리적 삶의 체득을 통해 과학과 기술의 논리만이 아닌 마음과 영성의 회복, 심정적 가치의 발견이 왜 기술시대에 소중한가에 대해 깨달을 수 있을 것이다.

마지막으로 통일사상에 나타난 인간과 기술의 관계문제에 대해 물음을 던짐으로써 통일사상에서의 기술철학 정초문제에 대해 생각해 보기로 하자. 통일사상에서는 어디까지나 인간을 만물(자연) 주관자의 입장에서 보고 그 인간의 책임성을 강조하고 있다. 그래서 하나님을 닮아 개성을 완성한 사람, 이기심에 의해 창조성이 왜곡되지 않은 인간을 전제로 놓고 논의를 전개해가고 있다. 따라서 통일사상에서의 인간과 기술의 관계는 온전한 의미에서 주체와 대상의 관계로 정립되고 있는 것이다. 그러나 생심生心과 육심肉心의 관계[32]에서 늘 육심의 유혹과

---

32. 통일사상에서는 생심(生心)과 육심(肉心)의 관계를 주체와 대상의 관계로

경향성에 휘둘리는 대부분의 현실적 인간들의 삶의 모습에서 인간과 기술과의 관계는 어떠한가? 창조성 발휘의 문화는 어떠한가? 『통일사상요강』에서 개성완성 한 인간을 가정해 놓고 전개한 논리에서는 상상할 수도 없는 수많은 기술과 관련한 삶의 문제들이 산재해 있지 않은가? 그 기술과 관련된 문제들 속에서 현대인들은 울고 웃고, 속고 속이고, 행복과 불행의 줄타기를 하고 있는 것이 아닌가?

그렇다면 이렇듯 먼저 개성완성 한 인간이 되어

보고 있다. 즉, 진선미와 사랑의 생활(가치생활)을 지향하는 생심의 기능이 의식주와 性의 생활을 지향하는 육심의 기능보다 앞서는 삶을 본성적 인간의 삶이라고 보고 있다. 해서 육심이 생심을 잘 따르고 생심이 제 기능을 잘하면 영인체와 육신은 서로 공명하며 이러한 공명의 상태가 인격을 완성한 상태라고 강조한다. 그러나 타락한 인간은 이 생심과 육심의 관계가 역전되어버린 삶을 살고 있는 것이다. 필자는 오늘날 현실적인 인간들의 대부분의 삶의 모습이 이러하다고 본다. 다시 말해, "일상적인 생활에 있어서 가치의 생활이 전연 없는 것은 아니지만, 대부분의 경우 가치생활을 자기중심의 물질생활을 위한 수단으로 삼고 있다."(통일사상, 234쪽) 자본주의 시장경제에서의 현대인들은 자기중심의 물질생활을 위해 모든 기술을 총동원하는 삶의 방식을 강요받고 있는 것은 아닌가. 이러한 시대적 분위기 속에서 통일사상의 심정과 참사랑의 원리는 잘못되어가는 시대를 바로 세운다는 철학의 근본정신과 상통하는 것이다. 철학(사상)은 그때그때마다 반시대적일 수밖에 없다.

야만 한다고 강조하는 통일사상의 기술론은 이념적 당위성만을 지나치게 논리의 전면에 내세우고 있는 것은 아닌가? 기술론은 인간론과 긴밀한 관계에 있는데, 이 문제는 앞으로 통일사상의 본성론本性論을 어떻게 심정적 인간학의 차원으로 승화시킬 것인가 하는 학문적 과제이기도 하다.

현대문명에서의 새로운 기술윤리는 "한편으로 인간의 삶과 공동생활의 일반적 조건을 정당화하는 도덕원리를 산출해야 하며 다른 한편으로 우리가 직면하고 있는 시대적 상황을 고려하여 이 원리를 구속력 있는 행위의 준칙으로 매개해야 한다."[33] 디지털 기술문명 속에서의 인간 공동체의 조건을 정당화하는 심정(참사랑)의 원리와 이 (도덕)원리를 오늘날의 호모 테크니쿠스(기술인)들의 삶에 구속력 있는 행위의 준칙으로 매개하려는 '심정의 윤리학'을 정초해야 하는 학문적 작업은 통일사상의 기술철학

---

33. 이진우, 『도덕의 담론』, 문예출판사, 1997, 118쪽.

정초문제와 관련하여 시급히 모색해야 하는 시대적 과제이다.

21세기 심정문화세계를 위한 기술철학적 가능성 탐구

우리는 지금까지 현재 우리가 살아가고 있는 생활세계의 논리와 문법을 지배하고 있는 기술 혹은 기술문화적 삶의 위기에 대해 논구해 보았다. 통일사상에서의 주관교육(기술교육)과 인간의 창조성 논의와 대비하여 생각해 보며 우리의 일상생활에서의 기술 이해에서부터 시작해 보통의 도구적, 인간학적 차원에서의 기술 이해를 거쳐 기술의 존재론적 의미까지 고찰하여 본 것이다. 아울러 통일사상에서의 기술담론의 특징과 (통일)기술철학의 정초문제와 관련된 과제에 대해서도 생각해 보았다.

이와 같은 기술 또는 기술문화시대의 본질에 관한 이해와 더불어 통일사상 입장에서의 기술철학 정초문제는 통일사상이 우리에게 제시하는 바람직한 삶의 모델인 심정문화세계의 창건에 나침반의 역할을 한다는 데 그 중요성이 있다.

현재, 그리고 앞으로 우리가 살아가야 하는 21세기는 더욱더 가상적인 것이 현실적인 것이고 현실적인 것이 가상적인 것의 시대가 되어가고 있다. 19세기의 헤겔은 이성적인 것이 현실적인 것이고 현실적인 것이 이성적인 것이라고 보았지만, 21세기를 살아가는 기술적 인간에게는 더 이상 (뜻을 찾는) 생각함이 그 본질로 여겨지지 않는다. 기술적 세계관, 기술의 형이상학의 시대에 사는 사람들의 생각은 셈하고 계산하는 사유에로만 기울어져 간다. 어떤 사태에 대해 진지하게 숙고하며 뜻 새기는 사유, 훈독訓讀적 사유함은 점점 재미(?)가 없는 사유방식이 되어 간다.

이러한 의미에서 하이데거는 '과학은 사유하지 않는다'Die Wissenschaft denkt nicht고 말했다.[34] 과학자, 기술자들이 들으면 기분 나쁜 명제이겠지만 주어진 방법론 내에서만 계산하고 연산만 정확하게 해내는 (계산적) 사유는 엄밀하게 보자면 사유가 아니라는 말이다. 사유함philosophieren이 없는 것이다. 과학과 기술이 우리의 운명이 되어 버린 시대일수록 우리에게는 심정적 사유, 훈독적 사유[35]로 인한 삶의 방식

---

34. "과학은 사유하지 않는다. 이것은 보통의 생각에게는 불쾌한 문장이다. 과학은 인간의 모든 행위가 그렇듯이 사유에 의존하고 있다는 부가문장을 뒤따르게 할지라도 우리는 이 문장을 그것이 불쾌한 성격 그대로 놔두고자 한다. 그렇지만 과학의 사유에 대한 연관은, 과학과 사유의 사이에 존속하고 있는 균열이 드러날 때에만, 그것도 건너지를 수 없는 균열로 드러날 때에만 진실하고 결실 있는 연관이 될 것이다. 과학에서부터 사유로 가는 데에는 다리는 없고 오직 도약만이 있을 뿐이다. 이 도약이 우리를 데려가는 그곳은 단지 다른 쪽일 뿐만 아니라 전혀 다른 장소이다." Heidegger, M., "Was heißt Denken?", Vorträge und Aufsätze(GA7), Neske Pfullingen, 1978, 127~128쪽.

35. 필자는 통일사상에서 강조하는 인간의 사유성격을 심정적 사유라고 표현해 보았다. 이것은 통일사상의 가장 핵심적 개념이 심정이며 본성적 인간의 본질도 심정적 인간이라고 규정한 데 그 근거를 두고 있다. 그러므로 통일사상이라는 텍스트를 공부하는 이들은 자연과 인간적인 모든 문화현상들을 읽어내는 데 있어 심정적 사유로 접근하고 읽어내려고 노력해야 할 것이다. 심정적 사유와 훈독적 사유에 관한 자세한 내용과 통일논리학

Modus Vivendi과 세계관의 구성작업이 절실하다. 그래서 통일사상에서는 인간의 만물주관에 필요한 기술교육을 말함에 있어 먼저 심정교육과 규범교육을 강조하는 것이다. 그리고 하나님의 제3축복인 인간의 주관성 완성은 단순히 과학과 기술로만 만물을 다루고 조작하는 것이 아닌 하나님의 심정과 사랑을 중심한 주관적 사위기대를 이룬 터 위에 진정한 의미에서 가능한 것이라고 말하는 것이다.

기술은 인간의 창조성의 결과물로서 시대의 흐름과 함께 계속해서 발전을 거듭해왔다. 인터넷으로 대변되는 현대의 기술문화의 시대에는 그야말로 기술이 우리의 모든 삶의 논리와 문법을 결정짓는 데까지 이르렀다. 이제 우리는 싫든 좋든 인터넷(기술)

의 목적론적 성격, 논리구조 그리고 인간 사고의 기본형식에 대해서는 다음의 논문들을 참조. 졸고, 『훈독의 현상학: 훈독과 영성, 천일국시대 심정적 리더십의 기초』, 『통일신학연구(제 집)』, 선문대학교 신학대학, 2009, ; 『통일사상 인간이해의 생명철학적 함의』, 『통일사상연구논총(제9집)』, 선문대학교 통일사상연구원, 2001, 65~89쪽.

과 더불어 인터넷을 거슬러 인터넷을 극복해 가며
살아가야 한다. 이제 우리에게 필요한 것은 이러한
인터넷으로 대변되는 기술을 악마적인 것으로 치부
하거나 다시 원시사회로 돌아가자고 캠페인을 벌이
는 일은 아닐 것이다. 과학과 기술은 물질세계와 인
간세계 현상 등의 본질과 근본원리를 밝히기 위해
인간이 자신의 창조성을 발휘해 온 과정이다. 그러
므로 과학과 기술은 앞으로도 더욱 발전을 해나갈
것이다.

이러한 과학과 기술의 발전방향에 대해 통일사상
에서는 인간의 창조성에 따른 **책임분담**과 **절대가치**
의 문제를 함께 생각해야 함을 제시하고 있다. 통일
사상에서는 인간의 **주관성 완성**(제3축복)에 앞서 **개성
완성**(제1축복)을 이루어야 함을 역설한다. 이는 진정
한 기술은 진정한 사람됨으로부터, 즉 심정과 (창조)
목적에 기반한 주관적 사위기대의 형성에서 가능하
다는 점을 말하는 것이다.

통일사상에서 본 21세기 웰빙의 의미는 마음과

몸의 하나 됨을 추구하는, 심정을 중심하고 성상적 가치와 형상적 가치가 조화를 이루는 데서 찾아질 수 있다. 따라서 통일사상에서의 기술철학 논의는 참사랑의 가치를 발견한 심정적 깨달음에 바탕하여 이루어져야 할 것이다. **'기술'**(주관성 완성)과 **'심정'**(개성 완성)은 21세기 심정적 삶의 방식의 정착과 심정문화세계를 이루기 위해 우리 모두가 생각을 모아야 할 철학적 사태Sache임에 틀림없다.

4

21세기 심정문화 예술시대를 위하여

: 유니버설발레단의 창작발레 〈심청〉에 관한 통일사상적 숙고

"한국에는 리틀엔젤스예술단과 유니버설발레단이 있습니다.
지금은 서양문화와 동양문화가 전환될 수 있는
새로운 기원의 때입니다. 그 박자에 공명할 수 있는
울림을 하늘땅에 남긴다는 것은 한국이 위로는 하늘로부터
아래로는 지옥 밑창에까지 자연적으로 수직이 되어서
흘러나올 수 있는 길이 된다는 것입니다."

『참부모경』, 1079쪽

앞 장에서 우리는 통일사상에서 해석하는 심정적 삶과 기술사태에 대해 살펴보았다. 향후 인공지능AI과 사물인터넷IoT 그리고 자율주행차 등으로 인해 우리 삶의 환경은 더 편리해지고 아울러 일하는 시간과 방식 등도 많이 변화될 것이다. 하지만 이렇게 편리해져만 가는 환경 속에서 우리는 왜 허무함을 느낄 수밖에 없고 주변에서 고독사와 자살률이 증가한다는 소식을 자꾸 듣게 되는가? 무엇이 더 부족하고 아쉬운 것인가? 심각한 물음을 던지게 된다.

인간의 본질이 무엇이기에 이렇듯 화려한 기술문명 속에서도 우리는 행복하다고 말하지 못하는가? 만약 인간의 본질이 '이성'이나 '욕망'이 아니라 더 깊은 차원, 통일사상에서 말하는 심정적 차원이라면, 그래서 인간이 근본적으로 심정적 존재라면 우리 시대 기술문명은 우리를 심정세계로부터 점점 더 떼어놓고 있는 것은 아닌가. 인간이 고향本鄕으로부터 자꾸 멀어져간다면 고향의식을 잃게 되고 결국 이방인이 되고 말 것이다.

오늘날 우리는 삶의 관계를 가볍고 얇게만 만들어가는 디지털문명을 살고 있다. 그 문명 속에서 우리는 '나홀로족'이 되어가는 것은 아닌가. 디지털문명 속에서 우리는 점점 관계를 형성하는 힘을 잃어가고 있는 게 아닌가. 그래서 역으로 소통과 공감이 중요하다는 담론 특히 예술문화가 중요하다는 인식이 확산되는 것은 아닌가.

이러한 문제의식 아래, 필자는 이제 통일사상에서 말하는 심정心情문화, 효정孝情문화담론의 시대적 의의와 통일사상의 예술론을 이야기해 보고자 한다. 특히 유니버설발레단의 창작발레 〈심청〉 공연이 주는 심정문화·철학적 메시지에 귀 기울여 보고자 한다.

21세기 왜 심정문화, 효정(孝情)문화인가

　일찍이 1984년 5월 12일, 문선명·한학자 총재
께서는 문화예술을 통한 이상적 평화세계, 즉 심정
문화세계 구현이라는 취지 아래 유니버설발레단을
창단하셨다. '예천미지藝天美地, 천상의 예술로 세상
을 아름답게'를 비전으로 창단된 유니버설발레단은
한국 최초의 민간 직업 발레단이다. 제1회 공연인
〈신데렐라〉를 필두로 세계 17개국을 포함하여 국
내외에서 1천 800여 회의 공연을 선보이며 아시아
의 대표적인 발레단으로 자리매김하고 있다.[1]

---

1. 세계평화통일가정연합, 『참父母경』, 성화사, 2015, 1075쪽 참조.

이러한 유니버설발레단에서 30여 년 전부터 창작발레를 시작하였다. 이름 하여 창작발레 〈심청〉. 따라서 2016년 6월, 예술의전당 오페라극장에서 공연된 유니버설발레단의 창작발레 〈심청〉이 공연한지 30주년을 맞았던 것이다. "창작 30주년, 동양의 아름다움을 담은 발레. 눈부신 감성을 입다" 공연 포스터에 새겨진 이 문구는 철학을 전공한 나에게 '지구촌시대와 문화콘텐츠', '한국문화의 세계화'라는 화두를 다시 일깨웠다.

유니버설발레단의 창작발레 〈심청〉은 서양의 이러저러한 발레 작품의 스토리를 재연하는 차원이 아닌 한국문화와 역사 속에서 잉태된 우리의 '효孝' 이야기의 대명사인 〈심청전〉의 내용을 몸으로 그리고 있는 작품이다. 이 대목에서 우리는 다음과 같은 물음을 던져볼 수 있을 것이다. 왜 오늘날 〈심청〉이야기인가?

우리가 익히 알고 있듯이, 〈심청전〉의 주제는 '효

孝'이다. 앞을 못 보는 아버지의 눈을 뜨게 하기 위해 공양미 300석에 자신을 인당수에 바친다는, 딸이 아버지의 고통을 온몸으로 치유해드리고자 하는 심정心情을 그리고 있는 작품이다. 이러한 이야기 구조를 3막으로 다이내믹하게 구성해 새롭게 빚어낸 작품이 바로 유니버설발레단의 창작발레 〈심청〉이다.

21세기를 살고 있는 우리는 발레 한류韓流의 대명사인 창작발레 〈심청〉에 대한 공연소식을 듣거나 관람하는 정도가 아닌 철학적 문제의식을 가지고 한번 이 작품에 대해 생각해보기로 하자. 오늘날 왜 효孝와 심정心情의 가치를 다루는 문화콘텐츠가 중요한가? 이러한 문제의식에 대해 박정진 소장은 다음과 같이 말한다.

"그동안 한국의 효 사상과 심정문화가 국가적으로는 불리하게 작용하여 최근세사에서 나라의 기강이 흩어져 일제의 식민지가 되는 수난을 겪기도 했다. 하지만 미래 여성시대에는 효 사상과 심정사상, 즉 효정孝情사상으로 인해 한국이 세계를 이끄는 선진국으로 발돋움하게 될 가능성이 높다. 이들 사상에 대한 주목과 복원이 절실하다."[2]

"심정心情이란 바로 성의誠意와 정심正心을 대변하는 오늘의 말이다. 천하를 다스림으로써 인간을 다스리기보다는 가정을 다스림으로써 인간을 다스리는 것이 훨씬 더 효과적이며, 현대의 문제를 해결할 수 있는 첩경이다. 효孝와 심정心情의 복합어인 효정孝情은 물질만능시대의 인간을 보다 인간답게 치유할 수 있는 본질적 윤리라고 할 수 있다."[3]

디지털기술문명은 우리 삶의 모든 면에서 질적인 면은 빼고 양화시키는 힘을 발휘하고 있다. 그리고

---

2. 박정진, 『평화의 여정으로 본 한국문화(세계평화를 위한 한국인의 지혜)』, 행복한에너지, 2016, 66쪽.
3. 박정진, 같은책, 67쪽.

서로 인간적으로 관계 맺는 것을 힘들어하게 만들며 불필요한 것으로 인식하게 한다. 근대철학의 아버지인 데카르트가 "나는 생각한다. 그러므로 나는 존재한다."고 인간의 본질을 밝혔다면 오늘날 디지털 인간들은 "나는 조작한다. 그러므로 나는 존재한다."라고 당당하게 자신의 정체성을 자랑하고 있다. 디지털 시대 우리들은 조작하는 힘으로 자신의 본질을 확인하고 자신의 존재감을 드러내고 있다. 이러한 삶의 세계 속에서 우리는 어느새 인간의 가장 원초적 인간관계인 가정에서의 관계도 버거워하고 힘겹게 느끼게 되는 것은 아닐까. 부모와 자식 간의 관계에서도 계산적 사유에 의해 효도계약서를 작성하고 부부간에도 수많은 계약서를 작성해야 서로 믿을 수 있는 세상이라고 하니 현대사회에서 우리가 겪는 수많은 상처와 고통은 대체 어디에서 치유될 수 있을까?

문화란 무엇인가? 예술이란 무엇인가? 통일사상에서는 심정 개념과 심정적 존재로서의 인간 이해를 제시한다. 그리고 그러한 인간의 활동의 총체가 바로 심정의 가치가 발현된 활동이기에 '심정문화' 라고 한다. 통일사상에서는 효와 심정의 가치를 중 요하게 여기는데 이는 한국문화와 역사 속에서 길 어낸 중요한 문화가치이다. '사랑하면서 기뻐하려는 정적인 충동'[4]인 심정과 효의 가치야말로 오늘날 문 화콘텐츠산업에 종사하는 사람들이 귀 기울여야 할 내용이다.[5] 소통의 가치를 이끌어내는 문화콘텐츠! 뉴미디어 시대에 새로운 공감의 역사를 만들어가는 콘텐츠 기획과 개발은 우리 시대 치유를 위한 또 다 른 사명인지도 모른다. 통일사상에서 말하는 심정 문화, 효정문화는 인간의 본질을 다시 회복하고 치

---

4. 『통일사상요강』, 66쪽.

5. 이러한 문제의식을 바탕으로 특히 한국고전문학 연구의 새로운 과제에 대
   해 신동흔 교수는 고전문학과 문화콘텐츠의 결합에 있어 중요한 문제를 다
   음과 같이 말하고 있다. "고전문학 연구의 근원적 가치요소이자 미래적 대
   안으로서 고전에 깃든 '삶의 철학' 내지 '문학철학'의 위상과 의미맥락"을 되
   살리는 일이 중요하다. 신동흔, 「21세기 사회문화적 상황과 고전문학 연구
   의 과제(자본과 욕망의 시대, 존재와 가치의 근원으로)」, 『한국문화와 콘텐
   츠』, 한국문화사, 2016, 230-259쪽 참조.

유할 수 있는 새로운 문화윤리이다. 이렇듯 윤리의

식과 미의식을 함께 생각하는 통일사상 예술론의

세계로 들어가 보자.

통일사상의 예술론 이해:
예술이란 무엇인가

　"일반적으로 넓은 의미의 문화는 정치, 경제, 교육, 종교, 사상, 철학, 과학, 예술 등 모든 인간활동의 총화를 뜻하는 것으로서, 그중에서 가장 중심적인 역할을 하는 것이 예술이다. 즉 예술은 문화의 정수精髓이다."[6]

　"예술이란 美를 창조하거나 감상하는 인간의 활동"[7]을 뜻하는데 통일사상에서는 인간의 창작활동

---

6. 『통일사상요강』, 417쪽.
7. 『통일사상요강』, 421쪽

이나 미를 추구하는 활동을 하나님과 인간의 닮음의 원리에 입각하여 설명한다. 다시 말해, 통일사상에서는 하나님이 '사랑을 통해서 기쁨을 얻고자 하는 충동'인 심정이 동기가 되어 인간과 만물을 창조하였다고 본다. 따라서 하나님은 이런 의미에서 위대한 예술가이고, 인간과 만물은 하나님의 작품이다. 하나님은 자신의 성상과 형상을 닮은 대상으로 인간과 만물을 창조하셨는데 여기에는 기쁨과 닮기의 창조성이 배여 있다.

하나님이 자신의 이성성상을 닮도록 형상적 실체대상으로 인간을 지으시고, 상징적 실체대상으로 만물을 지으신 것이다. 이것을 예술론에 적용하면, 창작하는 예술가는 기쁨을 얻기 위하여 자기의 성상과 형상을 닮도록 작품을 만들며, 감상자는 작품을 통하여 자기의 성상과 형상을 상대적으로 느낌으로써 기뻐한다는 논리가 되는 것이다."[8]

---

8. 『통일사상요강』, 420쪽.

모든 존재하는 것들의 관계를 주체와 대상의 관계로서 설명하는 통일사상에서는 아름다움에 대해서도 똑같이 적용한다. 즉 주체가 대상에게 주는 정적인 힘을 사랑이라 보고 대상이 주체에게 돌리는 정적인 자극을 아름다움美이라고 한다. 그런데 대상이 광물이나 식물일 경우 대상으로부터 인간에게 오는 것은 물질적인 힘이 된다. 이러한 물질적인 힘도 인간이 정적인 자극으로 받아들일 수 있다. 따라서 아름다움이란 대상이 주체에게 주는 정적인 힘인 동시에 정적인 자극이라고 정의내릴 수 있다. 즉 "美는 眞이나 善과 더불어 가치의 하나이므로 이것을 다르게 표현하면 미는 정적 자극으로서 느껴지는 대상가치인 것이다."[9]

이렇듯 인간이 자신의 생활세계에서 접하게 되는 사물이나 풍경 그리고 사람으로부터 오는 정적 자극을 작품으로 건립하는 예술활동[10]에는 크게 **창작**

---

9. 『통일사상요강』, 422쪽.
10. 이러한 통일사상의 예술 이해는 '사물과 작품', '작품과 진리' 그리고 '진리

과 **감상**이라는 두 측면이 있다. 그런데 통일사상에서는 이 창작과 감상이라는 실천활동을 인간의 욕망과 관련하여 설명한다. 다시 말해, 창작은 인간의 가치실현욕에 의한 것이고 감상은 가치추구욕에 근거하여 행해진다고 통일사상에서는 강조한다. 사람은 누구나 진실되게 살고, 선한 행위를 하고, 미를 창조하면서 인류에게 봉사하며 살아가고자 한다. 통일사상에서는 창작행위도 이와 같은 전체목적을 달성하려는 욕망, 즉 가치실현욕에 근거한 행위로 본다. 그런데 또 다른 한편으로 인간은 자기 자신을 위해 살아가는 측면도 있다. 우리는 일상생활 속

와 예술'이라는 테마로 예술의 본질을 밝히는 하이데거의 예술론과 비교하여 많은 시사점을 줄 수 있다고 여겨진다. 우리의 생활세계적 경험으로부터 오는 다양한 사물이나 풍경 그리고 사람들로부터 오는 정적 자극을 작품으로 건립하고자 할 때, 우리는 한 예술가에게 다가오는 사물과 작품의 의미 그리고 작품 속에 담기는 예술가의 개성진리체로서의 (진리)의식 등의 문제들과 더불어 많은 예술미학적 담론들을 전개할 수 있다고 본다. 이러한 본격적인 예술철학적 논의에 대한 자세한 사항은 다음을 참조할 수 있다. 이수정, 「하이데거의 예술론」, 『하이데거의 예술철학』, 한국하이데거학회 편, 철학과 현실사, 2002; 이기상, 「존재진리의 발생사건에서 본 기술과 예술」, 『하이데거의 존재사건학』, 서광사, 2003, 195~250쪽.

에서 접하는 다양한 사물들이나 대상들에서 가치를 발견함으로써 기쁨을 얻고자 한다. 이것이 바로 가치추구욕이다.[11]

하나님의 창조목적에서 유래하는 전체목적과 개체목적은 불가분의 관계이므로 인간의 가치실현욕에 의한 창작과 가치추구욕에 의한 감상이라는 예술행위는 공속의 차원에서 보아야 할 것이다.

"창작은 작가가 대상의 입장에서 주체, 즉 하나님과 인류 등 전체를 위하여 가치美를 나타내는 행위이며, 감상은 감상자가 주체의 입장에서 대상인 작품으로부터 가치美를 향수享受하는 행위이다."[12]

---

11. 『통일사상요강』, 425쪽 참조.
12. 『통일사상요강』, 426쪽.

창작발레 〈심청〉의 이야기 구조[13]

앞에서 우리가 간략하게나마 살펴본 바와 같이, 통일사상 예술론에 의하면 인간 의식의 3기능, 즉 지·정·의의 기능은 사실 깊은 심정으로부터 우러 나오는 것이며 인간의 진·선·미의식 또한 서로 공 속共屬되어 있다. 이렇듯 인간의 진리의식, 선의식, 미의식은 알게 모르게 서로 연결되어 있다. 그리고 우리의 창작욕구(가치실현욕)와 감상욕구(가치추구욕)도 미美의 가치를 드러내고 향수하려는 욕구로서 서로

---

13. 창작발레 〈심청〉의 제1막, 2막, 3막의 이야기 소개는 유니버설발레단에서 만든 〈심청〉브로슈어(2016)를 참조하였다.

맞물려 있는 사태이다. 이러한 내용들을 창작발레 〈심청〉에 적용시켜 이야기해 보자.

유니버설발레단의 초대 예술감독이었던 애드리언 댈러스는 한국에 와서 생활하던 중, 서점에 들러 우연히 동화 '심청'을 접했다고 한다. 그 스토리에 너무나 감동을 받은 그는 발레 작품을 만들기로 결심했다. '심청' 스토리에 담겨 있는 어떤 미의 가치에 한국적 춤사위에 감미로운 음악을 가미해 2년여 작업 끝에 1986년 완성한 작품이 바로 창작발레 〈심청〉이다.[19] 여기서 우리는 '심청'에 녹아있는 내용적 가치孝를 드러내려는 예술감독의 가치실현욕구와 그 가치에 공감하고 향수하려는 관람객들의 가치추구욕이 어우러진 작품이 바로 창작발레 〈심청〉이라고 말할 수 있겠다.

고전 〈심청전〉의 줄거리를 간추려 보면 다음과

---

19. 박태해, 「발레 한류 '심청'」, 〈세계일보〉, 2017.2.19 참조

같다. 효녀 심청이 아버지의 눈을 뜨게 하려고 공양미 300석에 몸을 팔아 인당수의 제물이 되었으나, 사해四海의 용왕龍王에 의하여 구출되어 지상으로 올라가 왕비의 자리에 오르게 된다. 그리하여 결국 맹인 잔치를 열어 아버지를 만나고 눈까지 뜨게 되는 기쁨과 행복으로 끝나는 이야기이다.[20]

이러한 스토리를 기반으로 만들어진 창작발레 〈심청〉은 총 3막 4장으로 구성되어 있다. 1막 1장은 도화동 심학규의 집, 2장은 선상, 2막은 바다 속 용궁, 3막은 대궐 안에서 이루어진다.

1막의 장면들은 주로 심학규(부친)에 대한 심청의

---

20. "〈심청전〉은 〈춘향전〉과 함께 판소리계의 대표적인 소설로 알려져 있다. (중략) 본 작품의 시간적 배경은 송나라 말년으로, 공간적으로는 황주 도화동과 용궁, 그리고 중국의 황성으로 나타난다. 우리나라 고소설이 중국을 배경으로 한 것은 당시 필화사건을 피하기 위해서라고 보는 것이 정상적인 견해이다. 그러므로 이를 사대모화사상이니 하는 그런 말을 할 필요는 없다고 본다. 그리고 사상적 배경은 우리의 효 사상을 근본으로 하면서 불교의 인과응보사상도 곁들여졌다고 보아야 할 것이다." 설중환 해설, 『심청전 · 흥부전』, 새문사, 2016, 8-9쪽.

마음이 펼쳐진다. 특히 공양미 300석을 부처님께 시주하면 아버지가 눈을 뜰 수 있다는 말에 심청이 자진해 팔려나가는 장면에서는 효孝를 강조하는 전통적 효사상이 드러나며, 선상에서 심청이 부친의 눈을 뜨게 하기 위해 인당수에 몸을 던지는 장면에서는 무교사상의 영향도 보인다.

사진설명: 제1막 '아버지를 위해 팔려가는 심청'

태어나면서 어머니를 잃은 심청은 아버지 심 봉사에 의해 키워지고, 효심 많은 소녀 심청은 눈먼 아버지를 봉양한다. 어느 날 심 봉사가 개울에 빠지고 스님의 도움으로 목숨을 건진 심 봉사는 공양미 삼백 석을 부처님께 시주하면 눈을 뜰 수 있다는 말을 듣는다. 이를 알게 된 심청은 마침 중국으로 항해하는 선원들이 용왕께 제물로 쓸 소녀를 구한다는 말을 듣고 아버지의 눈을 뜨게 하려는 마음에 통곡하는 아버지를 뒤로한 채 선원들을 따라 배에 오른다.

사진설명: 제1막 '인당수 제물이 되는 심청'

1막에서의 여러 장면 중 우리의 관심과 시선을 끄는 압도적 장면은 역시 인당수 제물이 되는 심청의 장면이다. 이 사건을 설중환 교수는 다음과 같이 설명한다.

　　"심청은 선인들에게 팔려 인당수의 제물이 된다. 그녀는 **바다**에 빠졌으나, 효녀였으므로 옥황상제의 도움을 받아 다시 살아나게 된다. 심청이 하늘이 낸 효녀였기 때문이다. 효녀 심청은 과거의 자신은 바닷속에 장사 지내고 이제 새사람으로 거듭 태어나 아버지의 눈만이 아니라 나라 안의 모든 맹인들의 눈을 뜨게 함으로써 아버지의 효녀일 뿐 아니라 모든 사람의 효녀가 된다. 〈심청전〉은 이렇게 작은 효녀가 큰 효녀로 발전되어 가는 모습을 보여주는 효녀 소설이라고 할 수 있다."[21]

21. 설중환 해설, 『심청전·흥부전』, 새문사, 2016 참조

작은 효녀가 큰 효녀가 되는 사건, 인당수 제물이 되는 사건! 이 사건은 바로 상대(아버지)를 위해 모든 것을 투입하고 희생하는 참사랑의 정신을 실천하게 될 때, 우리가 더 큰 나, 참된 주인이 될 수 있다는 우주적 원리를 보여주는 사건이다.

사진설명: 제2막 '바다 속 용궁'

제2막에서는 주로 바다 속 용궁의 모습이 펼쳐진다. 화려한 용궁에서는 심청이 오기를 기다리고 있다. 심청이 도착하자 용왕은 그녀를 반갑게 맞이하고 함께 춤을 춘다. 심청을 환영하는 춤들이 이어지

고, 심청을 사랑하게 된 용왕은 심청에게 용궁에 남
아 같이 살기를 청한다. 그러나 아버지에 대한 걱정
으로 가득 찬 심청은 육지로 보내줄 것을 간청한다.
용왕은 그녀의 효심에 감동해 그녀를 연꽃에 태워
육지로 올려 보낸다.

사진설명: 제3막 '심청과 아버지의 만남'

3막에서 왕궁 안으로 입궐하여 임금에게 간택되
는 장면들은 인과응보의 불교사상을 증명한다.

어전에서는 왕비 간택을 위하여 여러 규수들이
소개된다. 그때 바다에서 건져 올린 커다란 연꽃이

왕에게 진상된다. 연꽃 속에서 나온 심청에게서 자초지종을 듣고 이에 감동한 왕은 심청을 왕비로 맞이하고, 심청의 아버지 심 봉사를 찾기 위하여 맹인 잔치를 열 것을 지시한다. 달 밝은 밤 왕과 심청의 아름다운 춤이 이어진다.

잔칫날이 되자 전국에서 맹인들이 모여든다. 잔치가 끝날 무렵 남루한 옷차림의 한 맹인이 들어오자 심청은 한 눈에 그가 아버지임을 알고 얼싸안는다. 죽은 줄로만 알았던 심청이 왕비가 되어 나타나자 놀란 심 봉사가 눈을 번쩍 뜬다. 잔치에 참가한 모든 맹인들이 눈을 뜨고, 모든 사람들의 흥겨움 속에 대단원의 막을 내린다.

창작발레 〈심청〉의
심정문화·철학적 메시지

　지금까지 우리는 오늘날 왜 심정문화, 효정문화가 요구되는지에 대한 시대적 의미와 더불어 통일사상의 예술론, 그리고 창작발레 〈심청〉의 이야기 구조를 살펴보았다. 그렇다면 이제 마지막으로 창작발레 〈심청〉 공연의 심정문화적·철학적 메시지는 무엇인가에 대해 생각해 보기로 하자.

　오늘날 한국의 인문학계, 철학계에 '우리말로 학문하기 모임'이 있다. 이 모임의 초대 회장이었던 이기상 교수(한국외대 철학과)는 이 모임의 취지를 다음과 같이 말한 적이 있다.

"비록 '한국철학'이 아직 숙성이 덜 된 상태이기는 하지만, 2008년 세계철학대회를 한반도에서 개최하면서 남의 철학만을 소개하고 있을 수만은 없는 실정 아닌가! 그동안 국제적인 석학들이 이 한반도에 찾아와 전문 학술 강연을 하면서 이 땅 5,000년의 찬란한 문화유산에 대해 찬사를 아끼지 않았다. 이제 그 문화유산에 걸맞은 사상과 철학을 이론화하고 체계화해 세계인들에게 소개할 때가 되었다. 그래서 지구촌 시대가 맞닥뜨리고 있는 인류의 문제에 한국의 철학자들도 해결책을 제시할 수 있는 수준에 이르렀음을 보여주어야 할 시점이다."[22]

지금은 구연상 교수(숙명여대 교양학부)가 그 뜻을 이어 회장직을 수행하고 있다.

---

22. 이기상, 「5집을 펴내며」, 『우리말 철학사전5』, 지식산업사, 2007, 9쪽.

언제부터인가 우리나라에서 '철학 한다'고 하면 대부분의 사람들은 동양철학이나 서양철학을 전공하는 것으로 생각한다. 그리고는 특히 동양철학을 전공한다고 하면 사주나 관상을 봐 달라고 청하기도 한다. 심지어 손금을 봐 달라고 청하는 사람도 있다. 한국 사회에서 철학 이해의 분위기가 그렇다.

그런데 또 한 가지 특이한 점은, 동양철학을 하는 사람들은 한자漢字로 된 중국의 고전(논어, 맹자 등)을 줄줄 읽을 줄 알고, 서양철학을 하는 사람들은 자기가 전공하는 철학자의 텍스트(원전)를 읽을 줄 아는 것으로 '철학 한다'고 여기는 경향에 머물러 있다.

사실 이러한 행위는 철학을 하는 것이 아니라 그 나라 언어를 배우는 것이다. 이를테면 어떤 사람이 하이데거를 전공한다면 독일어를 배우는 데 많은 시간을 보내느라 정작 자신의 철학함, 주체적 생각하기의 힘은 부실한 경우가 많다는 것이다. 요즘 한국에서 유행하고 있는 프랑스 철학자 자크 데리다 Jacques Derrida나 질 들뢰즈Gilles Deleuze의 철학을 전공한다면 프랑스어 배우는 데 많은 시간을 할애해야 해서 그런지 몰라도 역시 주체적 입장에서 데리다나 들뢰즈에 대한 비판적 읽기는 약하다.

우리나라 많은 철학회의 분위기는 철학 세미나를 하는 것이 아니라 마치 어떤 특정한 철학자를 떠받드는 것 같은 분위기가 농후하다. 이것은 한국 인문학계의 구조적인 폐단이기도 하지만 그동안 우리나라에서 철학을 하거나 사상을 공부한다는 사람들이 대부분 이런 경우가 많았기 때문에 우리들이 이 땅에서 살아가면서 부딪치는 '지금', '여기'에서의 문제에 대한 절박한 상황들에 대해서는 답을 제대로 주지 못하는 게 아닐까. 이 땅에서의 정치문제, 양극화문제, 인권문제, 통일문제 등에 대해 스스로 생각하고 공적 토론을 거쳐 우리 사회의 문제에 대한 담론을 두텁게 만들어가지 못하고 있다.

스스로 주체적으로 만들어가지 못하니 자꾸 남에게 기댄다. 미국의 유명한 학자, 독일의 잘나가는 사회학자, 프랑스의 이름 날리는 철학자 등을 들먹

이며 그들의 생각의 결과들을 우리 삶의 문제에 대한 답이라고 전해주는 경우가 많다.

　대표적인 사례로 우리 사회에서의 교육문제를 들수 있다. 우리나라의 사정과 여건에 맞는 교육제도와 교육행정 및 교육과정을 개발해야 함에도 대부분의 교육정책을 담당하는 고위 공무원들은 '지금 미국에서는 뭐가 유행하지?', '선진 유럽에서는 아이들 교육을 어떻게 하고 있지?' 하며 자꾸 남에게 눈을 돌리고, 남들이 고민해서 내놓은 교육철학과 정책들을 대안이랍시고 내놓는다. 그러니 우리의 교육정책은 계속 헛돌고 청소년들은 자신들에게 맞지도 않는 교육정책에 맞추어 가는 로봇이 되어 가고 있다.

　우리나라에도 적잖은 철학자나 사상가, 목사, 신부, 스님 등이 있고 많은 사람이 한편으로는 그들의 강론을 듣지만 다른 한편으로는 이런 생각을 하는 게 아닐까. "철학관에나 한번 가볼까?" 철학관에 드

나드는 사람들을 나무랄 것이 아니다. 자신의 문제, 우리의 삶의 문제에 대해 스스로 생각해서 풀어내려는 작업을 하지 못하는 우리 모두의 잘못인 것이다. 우리의 현실에 대해 스스로 생각하고 그 생각한 바를 우리말로 풀어내어 한 문제 한 문제에 대한 담론의 층을 쌓아갈 때 우리의 전통과 문화적 역량은 점차 확대될 것이다.

우리가 살아가는 오늘은 지구촌 시대다. 따라서 끊임없이 탈중심을 강요당하기도 하지만 그럼에도 불구하고 우리는 중심을 잡아야 한다. 이러한 21세기, 지구촌 시대의 최대 과제 중 하나는 상호주관의 시대, 다문화의 시대에 어떻게 평화롭게 공존할 수 있는가에 대한 답을 찾는 일일 것이다. 어느 한 사람, 한 곳만이 절대 중심이 아닌 다원주의 세상에서 소통과 공감의 시대를 열어가는 삶의 논리가 무엇인지 고민하는 일은 이제 우리 모두의 과제로 다가왔다. 세계화의 물결, 끊임없이 보편성의 이름하에

강요당하는 시대적 흐름 속에 살다 보니 다른 한편으로 '우리는 누구인가' 하는 정체성에 대한 물음이 절실해지는 것은 당연한 일일 것이다. 우리의 정체성에 대한 탐구. 그것은 우리의 이야기를 스스로 만들어가는 작업과 함께 가는 일이다. 이른바 이야기와 정체성.

우리들은 저마다 주어진 인생이라는 시간 속에서 자신의 이야기를 만들어가며 살아간다. 그러한 자신만의 이야기를 통해 우리는 저마다 삶의 주인공이 되는 것이다. 우리의 고전소설 『심청전』의 효孝 이야기를 새롭게 만들어 세계인들의 심금을 울린 유니버설발레단의 창작발레 〈심청〉은 한국인들이 지구촌 시대에 주인공이 되는 비결을 알려 주었다. 이 땅의 수많은 인문학자들보다 앞서 세계 속에 한국인이 되는 길을 보여 주었다.[23]

---

23. 졸고, 「창작발레 '심청'에 대한 단상」, 『다문화사회의 상생과 평화』, 한누리미디어, 2017, 272-277쪽 참조.

사진설명: 〈심청〉, '발레 한류'의 중심에 서다!

　　창작발레 〈심청(1986)〉, 〈춘향(2007)〉에 이어 수년 내에 〈흥부전〉을 만들어 전 세계 순회공연을 하겠다는 유니버설발레단. '효', '사랑', '형제애'라는 우리 고유의 정서이자 지구촌 시대가 요구하는 문화가치를 전 세계에 보급해 한민족이 심정문화, 효정문화의 민족임을 알리겠다는 유니버설발레단의 꿈.[24] 그 꿈은 반드시 실현될 것이며 더 큰 대한민국을 만들어가는 역사에 길이 남을 것이다.

---

24. 우리는 앙드레 말로의 말을 기억한다. "오랫동안 꿈을 그리는 사람은 마침
    내 그 꿈을 닮아간다.", 배연국, 「꿈을 기록하는 사람」, 『거인의 어깨를 빌
    려라』, 지상사, 2016, 20쪽 재인용.

도움 받은 글들

A. 문선명·한학자 총재 말씀과 통일사상 관련 저서

문선명, 「체휼신앙의 중요성」, 『문선명선생말씀선집 40』, 서울: 성화사, 1971.

문선명, 「오늘의 지성인과 종교」, 『문선명선생말씀선집 114』, 서울: 성화사, 1981.

문선명, 「절대적 가치관」, 『문선명선생말씀선집 122』, 서울: 성화사, 1982.

문선명, 「참 심정혁명과 참해방─석방 시대 개문」, 2004 세계문화체육대전 폐회축하만찬 시 창시자 연설문. 2004. 7. 26

한학자총재 화갑기념문집 기념위원회, 『한학자총재 화갑기념문집 제1권(여성·가정·세계)』, 선문대 출판부, 2003.

세계평화통일가정연합, 『원리강론』, 서울: 성화사, 2001.

세계평화통일가정연합, 『통일사상요강(頭翼思想)』, 천안: 선문대학교 출판부, 2007.

세계평화통일가정연합, 『축복가정과 이상천국Ⅰ』, 서울: 성화사, 1998.

세계평화통일가정연합, 『天聖經』, 서울: 성화사, 2013.

세계평화통일가정연합, 『平和經』, 서울: 성화사, 2013.

세계평화통일가정연합, 『참父母經』, 서울: 성화사, 2015.

B. 하이데거의 저서

Sein und Zeit(GA2) Vittorio Klostermann Frankfurt a. M., 1977. (『존재와 시간』, 이기상 옮김, 까치, 1998).

「Nietzsches Wort "Gott ist tot"("신은 죽었다"라는 니체의 말)」, Holzwege(GA5), Klostermann: Frankfurt a.M., 1977.

「Die Zeit des Weltbildes(세계상의 시대)」, Holzwege(GA5), lostermann: Frankfurt a. M., 1977.

「Moira(Parmenides, Fragment Ⅷ 34−41)」, Vorträge und Auf−sätze(GA7), Neske Pfullingen, 1978.

「Überwindung der Metaphysik(형이상학의 극복)」, Vorträge und Aufsätze (GA7), Neske: Pfullingen, 1978.

「Das Ding(사물)」, Vorträge und Aufsätze(GA7), Neske: Pfullingen, 1978.

「Was heißt Denken?(사유란 무엇을 말하는가?)」, Vorträge und Auf−sätze(GA7), Neske: Pfullingen, 1978.

「Bauen Wohnen Denken(건축 거주 사유)」, Vorträge und

Aufsätze(GA7), Neske: Pfullingen, 1978.

「Was ist Metaphysik?」, Wegmarken(GA9), Vittorio Klostermann Frankfurt am Main, 1976.(『형이상학이란 무엇인가』, 이기상 옮김, 서광사, 1995).

「Brief über den Humanismus(인문주의에 대한 서한)」, Wegmarken(GA9), Klostermann: Frankfurt a.M., 1967.

「Die Onto—Theo—Logische Verfassung der Metaphysik」, Identität und Differenz(GA11), Neske Pfullingen, 1978.

「Das Ende der Philosophie und die Aufgabe des Denkens(철학의 종말과 사유의 과제)」, Zur Sache des Denkens(GA14), Max Niemeyer Verlag Tuebingen, 1976.

Die Grundbegriffe der Metaphysik(Welt—Endlichkeit—Einsamkeit, GA29/30), Klostermann: Frankfurt a.M., 1983. (『형이상학의 근본 개념들. 세계-유한성-고독』, 이기상 옮김, 까치글방, 2001).

Einführung in die Metaphysik(GA40), Vittorio Klostermann Frankfurt am Main, 1983.(『형이상학 입문』, 박휘근 옮김, 문예출판사, 1994).

Die Technik und die Kehre, Neske: Pfullingen, 1962.(『기술과 전향』, 이기상 옮김, 서광사 1993).

Gelassenheit, Neske: Pfullingen, 1977.

「Einleitung in die Phänomenologie der Religion(종교현상학 입문)」, Phänomenologie des Religiösen Lebens(GA60). Vittorio Klostermann Frankfurt am Main, 1995.

| 도움 받은 글들 |

C. 단행본(가나다 순)

김형효, 『평화를 위한 철학(김형효 철학전작1)』, 소나무, 2015.

박정진, 『한국문화 심정문화(예술인류학서설)』, 미래문화사, 1990.

박정진, 『종교인류학(북두칠성에서 태양까지)』, 불교춘추사, 2007.

박정진, 『불교인류학』, 불교춘추사, 2007.

박정진, 『성(性)인류학』, 이담, 2010.

박정진, 『철학의 선물, 선물의 철학(철학인류학 시론1)』, 소나무, 2012.

박정진, 『메시아는 더 이상 오지 않는다』, 행복에너지, 2015.

박정진, 『평화는 동방으로부터』, 행복에너지, 2016.

박정진, 『평화의 여정으로 본 한국문화』, 행복에너지, 2016.

배연국, 『거인의 어깨를 빌려라』, 지상사, 2016.

K. 부흐텔, 『철학과 종교(현대의 종교철학적 논쟁)』, 이기상 옮김, 서울: 서광사, 1988.

R. 비서, 『하이데거 사유의 도상에서』, 강학순/김재철 옮김, 서울: 철학과 현실사, 2000.

M. 융, Das Denken des Seins und der Glaube an Gott(Zum Verhältnis von Pholosophie und Theologie bei Martin Heidegger), Wuerzburg: Königshausen und Neumann, 1990.

신정근, 『효, 순간을 넘어 영원을 사는 길』, 도서출판 문사철, 2016.

신상희, 『하이데거와 신』, 철학과 현실사, 2008.

이기상/구연상, 『〈존재와 시간〉 용어 해설』, 서울: 까치, 1998.

이기상, 『하이데거의 實存과 言語』, 서울: 문예출판사, 1991.

이기상, 『하이데거의 存在와 現象』, 서울: 문예출판사, 1992.

이기상, 『하이데거의 존재사건학(존재 진리의 발생 사건과 인간의 응답)』, 서광사, 2003.

이기상, 『존재와 시간(인간은 죽음을 향한 존재)』, 서울: 살림, 2006.

이기상, 『다석과 함께 여는 우리말 철학』, 서울: 지식산업사, 2004.

이기상·박범준, 『소통과 공감의 문화콘텐츠학』, 서울: 한국외대 지식출판원, 2016.

조형국, 『하이데거의 삶의 해석학』, 서울: 채륜, 2009.

D. 논문 및 칼럼류

구연상, 「기술시대의 근본 기분(하이데거의 기술 강연을 중심으로)」, 『철학과 현상학 연구』(제19호), 한국현상학회, 2002 가을.

김성철, 「무란 무엇인가?」, 우리사상연구소 엮음, 『우리말 철학사전2(생명·상징·예술)』, 지식산업사, 2002.

김재철, 「하이데거 종교 현상학」, 『인문학 연구』(제5집), 한국외대 외국학종합연구센터 인문과학연구소, 2000.

박인철, 「기술시대와 사랑의 윤리학」, 『기술시대와 현상학 (실천철학으로서의 현상학의 가능성)』, 경희대학교 출판국, 2005.

박태해, 「발레 한류 '심청'」, 〈세계일보〉, 2017.2.19

박희영, 「철학과 문화」, 한국외국어대학교 인문과학연구소 편,
박희영, 「현대사회와 철학교육」, 대구: 이문, 1993.

박희영, 「종교란 무엇인가?」(고대 신화와 의식에 대한 분석을 중심으로), 『외대사학』(제10집) 한국외국어대학교 외국학종합 연구센터 역사문화연구소, 1999. 8.

박일영, 「종교」, 우리사상연구소 엮음, 『우리말 철학사전2(생명·상징·예술)』, 지식산업사, 2002.

신동흔, 「21세기 사회문화적 상황과 고전문학 연구의 과제(자본과 욕망의 시대, 존재와 가치의 근원으로」, 『한국문화와 콘텐츠』, 한국문화사, 2016

이기상, 「하이데거의 형이상학 이해 – 형이상학은 인간 현존 재에서의 근본 사건」, 『형이상학이란 무엇인가』, 이기상 옮김, 서광사, 1995.

이기상, 「하이데거에서의 일상의 의미」(일상과 과학, 실존과 탈존), 일주아트하우스 『예술가를 위한 철학 강의 '일상의 미학'』, 2001. 9. 8.

이기상, 「존재에서 성스러움에로! 21세기를 위한 대안적 사상 모색」(하이데거의 철학과 류영모 사상에 대한 비교연구), 한 국해석학회 편, 『인문학과 해석학』(해석학연구 제8집), 철학과

현실사, 2001.

조형국, 「창작발레 '심청'에 대한 단상」, 『다문화사회의 상생과 평화』, 한누리미디어, 2017.

정세근, 「무의 감응」, 한국도가철학회 엮음, 『노자에서 데리다 까지(도가 철학과 서양 철학의 만남)』, 예문서원, 2001.

우리의 역사와 문화전통에서 길어 올린 효정(孝情)의 가치로 희망 대한민국, 세계평화를 실현할 수 있는 힘이 팡팡팡 샘솟기를 기원드립니다

– 권선복
(도서출판 행복에너지 대표이사,
한국정책학회 운영이사)

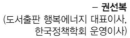

북한의 계속된 도발과 핵 개발, 그에 대응해 한 치도 물러서지 않는 미국의 정치·군사적 행보로 인해 한반도 정세는 조금도 예측하기 어려운 형태로 흘러가고 있습니다. 이는 세계적으로도 크게 다르지 않아 자국 이기주의, 신고립주의 등으로 '권력과 전쟁의 패러다임' 안에서 계산만 하고 있는 현실입

니다. 이러한 세계적 정세로 오늘날 현대인들은 긍정과 감동, 사랑보다는 허무와 냉소, 절망이라는 근본기분에 젖어 있습니다. 이러한 부정적 감정은 가정해체와 사회분열로 이어져 끊임없이 재생산되고 있습니다. 과연 희망 대한민국, 화합과 통일을 위한 가치는 어디로부터 오는 것일까요?

저자는 글로벌 도전과제들과 현대문명의 위기를 극복할 수 있는 '사랑과 평화의 패러다임'을 찾고 있습니다. 현대문화, 기술, 예술행위 근저에 효와 심정의 가치를 세워야 사랑과 평화의 세계가 가능하다고 주장합니다. 저자가 주장하는 '심정心情'이란 세계평화통일가정연합에서 강조하는 '심정' 개념입니다. '상대를 사랑하면서 기뻐하려는 정적인 충동'. 바로 이 심정적 가치, 이타적인 사랑의 욕구야말로 인간은 물론 삼라만상의 본성을 회복하는 원리입니다.

이 책은 『평화를 사랑하는 세계인으로』 자서전 읽기 이외에 세 개의 장으로 이루어져 있습니다. 첫째 장은 현대사회를 잠식하고 있는 허무주의의 철학적 뿌리를 탐구하는 동시에 이러한 허무주의를 극복할 수 있는 심정문화를 제시하고 있습니다. 두 번째 장은 현대문명의 큰 축인 과학기술문명에 대한 비평을 제시하고 있습니다. 기술문명에 의해 인간의 가치가 잠식당하는 일을 막기 위한 대안을 내놓고 있습니다. 마지막 세 번째 장은 유니버설발레단의 창작발레 〈심청〉이 함의하고 있는 효정의 가치를 드러내주고 있습니다.

삶의 위기, 사회갈등이 심해질수록 화합과 통일, 평화와 안정에 대한 사람들의 욕구가 커지는 것은 당연한 현상입니다. 우리의 역사와 문화전통에서 길어 올린 효정의 가치로 온누리에 희망이 팡팡팡 샘솟기를 기원드립니다.

기적의 인공지능 일자리혁명

박병윤 지음 | 값 15,000원

책 『기적의 인공지능(AI) 일자리혁명』은 급증하는 실업률로 인해 한국 경제의 불황을 타개할 방향을 제시한다. 빅 데이터, 딥 러닝, 알고리즘을 통해 구직희망자 개개인에 맞춘 맞춤형 일자리 매칭으로 전 국민 완전 취업이라는 원대한 목표를 이룰 도구인 인공지능의 가능성을 소개한다. 세계적인 경제정책의 성공사례와 그 이면의 원인을 날카롭게 분석한 저자의 제안은 한국 경제의 혁명을 일으킬 도화선이 될 것이다.

만월당

만월당 지음 | 값 15,000원

기(氣)를 통해 세상만물 우주 삼라만상을 온몸으로 느끼게 된 만월당 스님이 직접 겪은 체험담과 끊임없는 명상과 수행으로 부처님의 말씀, 진리와 인연 등을 책 『만월당』을 통해 가감 없이 풀어내었다. 세상 공부를 하며 얻은 소중한 인연과 아픈 과거를 가지고 사는 사람을 만나 마음을 치유한 이야기, 자기반성적 수기와 신비로운 이야기를 다채롭게 엮어서 보는 사람으로 하여금 그동안 알지 못했던 세상을 접하게 한다.

땅의 유혹

조광 지음 | 값 18,000원

풍수지리가 비과학적인 미신이 아님을 사례로 풀어본 책 『땅의 유혹』은 풍수학의 대가인 저자 조광 미르지리연구소 소장이 30여 년 동안 쌓은 풍수지리 경험담과 더불어 우리나라 각 지역별 풍수 특색 및 역대 대통령 선영을 풍수학적으로 분석한 결과를 담아 일반인들이 흥미롭게 풍수를 접할 수 있도록 꾸며졌다. 실생활에 적용할 수 있는 풍수지리 지식을 통해 대한민국 국민 모두 명당의 기운을 누리기를 바라는 마음이 담겨 있다.

국방을 보면 대한민국이 보인다

김광우 지음 | 값 15,000원

이 책 『국방을 보면 대한민국이 보인다』는 대한민국에서 가장 오래된 정부 부처이자 한국의 국방·안보 전반을 맡고 있는 국방부에 대한 다양한 이야기를 보여주며 안보와 국방에 다소 무감각해진 국민들의 관심을 환기한다. 현장에서의 경험을 바탕으로 하여 풀어 나가는 저자의 국방부 이야기는 매우 흥미진진하고 공감을 불러일으키면서도 동시에 전문적이고 예리한 시선을 통해 대한민국 국방정책의 현실과 대안을 생각하게 해줄 것이다.

청춘들을 사랑한 장군

임관빈 지음 | 값 15,000원

책『청춘들을 사랑한 장군』은 저자가 군 장교 시절 함께 근무했던 병사와 후배들, 즉 20~30세대들을 향해 언제나 아낌없는 조언을 해주었던 경험을 바탕으로 저술하였다. 저자는 인생을 살면서 행복과 성공을 이루기 위해 청춘들이 지녀야 할 조언 10가지를 우리가 고정관념처럼 가지고 있는 장군의 목소리가 아닌, 아주 따뜻하고 정겨운 메시지로 전달하고 있다.

외교관의 사생활

권찬 지음 | 값 15,000원

책『외교관의 사생활』은 저자인 권찬 전 쿠웨이트 대사가 젊은 시절 외국 유학 및 외교관 경력 30여 년 동안 겪은 해외 체류를 통해 얻은 경험과 업적을 모아 엮은 자서전으로 과거의 위기를 벗어나게 한 인생 선배의 지혜를 구하여 현재의 위기를 극복하는 '온고지신'의 지혜를 발휘하고 국가 간 외교뿐만 아니라 인생에 있어서도 소중한 덕목이 될 수 있을 것이다.

괴산명품 농업인의 성공 이야기

김갑수 외 19인 지음 | 값 20,000원

책『괴산명품 농업인의 성공 이야기』는 빠르게 변화하는 사회에 발맞추어 전통적인 농업 형태에 머물지 않고 브랜드 강화, 신개념 농업상품 개발, 안정적인 시장 확보, 친환경 신기술 도입, 타 업종과의 협력 등 다양한 방법으로 '대를 이어 물려줄 농업의 가치'를 만드는 괴산 사람들의 모습과 그들이 현장의 경험을 통해 말하는 농촌의 현실과 개선 방안 등 미래 대한민국 농·축산업의 청사진을 볼 수 있다.

다음을 준비하는 힘 청춘력

손대희 지음 | 값 15,000원

책『다음을 준비하는 힘 청춘력』은 낙담하고 좌절한 사람들에게 "다시 일어나라"고 말한다. 그리고 저자가 강사라는 새로운 세계에 발을 내딛으며 배운 "청춘력"을 독자들에게 전한다. 저자가 말했듯 다소 고리타분한 이야기일지 모르지만, 사회 구조적 모순과 불평등으로 인해 열정에 찬물을 맞더라도 이 책을 통해 용기를 얻은 독자들이 '나도 할 수 있다'라는 자신감을 가질 수 있기를 기대해 본다

ADVENTURE & DESTINY

Sally(Sumin) Ahn, Trina Galvez 지음 | 값 13,000원

시집 『ADVENTURE & DESTINY』는 시와 문학에 대해서 깊은 열정을 가지고 꾸준히 창작활동을 계속하고 있는 한 젊은 시인의 문학적 사색과 고뇌를 보여주는 세계로의 모험이라고 할 수 있다. 각 챕터는 영어 원문과 한국어 번역을 모두 포함하여 원문의 느낌과 의미를 온전히 살리는 한편 한국어 독자들에게도 쉽게 접근할 수 있도록 하였다.

무일푼 노숙자 100억 CEO되다

최인규 지음 | 값 15,000원

책 『무일푼 노숙자 100억 CEO 되다』는 "열정이 능력을 이기고 원대한 꿈을 이끈다."는 저자의 한마디로 집약될 만큼 이 시대 '흙수저'로 대표되는 청춘에게 용기를 고하여 성공으로 향하는 길을 제시하고 있다. 100억 매출을 자랑하는 (주)다다오피스의 대표인 저자가 사업을 시작하며 쌓은 노하우와 한때 실수로 겪은 실패담을 비롯한 열정과 도전의 메시지를 모아 한 권의 책으로 엮었다.

정부혁명 4.0 : 따뜻한 공동체, 스마트한 국가

권기헌 지음 | 값 15,000원

이 책은 위기를 맞은 한국 사회를 헤쳐 나가기 위한 청사진을 제안한다. '정치란 무엇인가?' '우리는 무엇이 잘못되었는가?' 로 시작하는 저자의 날카로운 진단과 선진국의 성공사례를 통한 정책분석은 왜 정치라는 수단을 통하여 우리의 문제를 해결해야 하는지를 말한다. 정부3.0을 지나 새롭게 맞이할 정부4.0에 제안하는 정책 아젠다는 우리 사회에 필요한 길잡이가 되어 줄 것이다.

나의 감성 노트

김명수 지음 | 값 15,000원

이 책 『나의 감성 노트』는 30여 년간 의사로서 의술을 펼치며 그중 20여 년을 한자리에서 환자들과 함께한 내과 전문의의 소소한 삶의 기록이다. 삶과 죽음에 대한 겸허한 자세, 인생과 노년에 대한 깊은 성찰, 다양한 인연으로 맺어진 주변 사람들에 대한 따뜻한 시선은 현대 사회를 사는 독자들의 메마른 가슴속에 사람 사는 향기와 따뜻한 감성을 선사할 것이다.

워킹맘을 위한 육아 멘토링

이선정 지음 | 값 15,000원

이 책은 일과 가정을 양립하는 데 어려움을 겪는 워킹맘에게 "당당하고 뻔뻔해지라"는 메시지를 전한다. 30여 년간 워킹맘으로서 직장 생활을 하며 두 아들을 키워온 저자의 경험담과 다양한 사례를 통해 일과 육아의 균형을 유지하는 노하우를 자세히 알려준다. 또한 워킹맘이 당당한 여성, 또 당당한 엄마가 될 수 있도록 응원하고 있다.

늦게 핀 미로에서

김미정 지음 | 값 15,000원

이 책 『늦게 핀 미로에서』는 학위도, 전공도 없지만 음악에 대한 넘치는 열정과 사회에 기여하는 인생이 되고 싶다는 소명감으로 음악치료사의 길에 발 디딘 저자의 이야기를 보여주고 있다. 사회 곳곳의 소외되기 쉬운 사람들과 음악으로 소통하고 마음으로 하나 되며 치유를 통해 발전을 꿈꾸는 저자의 행보는 인생 2막을 준비하는 사람들에게 많은 것을 생각하게 할 것이다.

위대한 도전 100人

도전한국인 지음 | 값 20,000원

이 책은 위대한 도전인을 발굴, 선정, 출판하여 도전정신을 확산시키는 것을 목적으로 도전을 통해 세상을 바꾸어 나간 위대한 인물 100명을 다양한 분야에서 선정하여 그들의 노력과 역경, 극복과 성공을 담았다. 어려운 시대 속에 이 책은 이 시대를 살아가는 우리 모두의 가슴속에 다시금 '도전'을 키워드로 삼을 수 있도록 도울 것이다.

정동진 여정

조규빈 지음 | 값 13,000원

책 『정동진 여정』은 점점 빛바래지면서도 멈추지 않고 휘적휘적 가는 세월을 바라보며 그 기억을 글자로 옮기는 여정에 우리를 초대한다. 추억이 되었다고 그저 놔두기만 하면 망각의 너울을 벗지 못한다. 그러기에 희미해지기 전에 기록할 것을 은근히 전한다. "기록은, 그래서 필요하다"라는 저자의 말은 독자들의 마음에 여운을 남기며 삶의 의미와 기억 속 서정을 찾는 길잡이가 되어 줄 것이다.

하루 5분나를 바꾸는 긍정훈련

행복에너지

**'긍정훈련' 당신의 삶을
행복으로 인도할
최고의, 최후의 '멘토'**

'행복에너지
권선복 대표이사'가 전하는
행복과 긍정의 에너지,
그 삶의 이야기!

권선복

도서출판 행복에너지 대표
영상고등학교 운영위원장
대통령직속 지역발전위원회
문화복지 전문위원
새마을운고 서울시 강서구 회장
전) 팔팔컴퓨터 전산학원장
전) 강서구의회(도시건설위원장)
아주대학교 공공정책대학원 졸업
충남 논산 출생

인터파크
자기계발 분야 주간
베스트 1위

권선복 지음 | 15,000원

책 『하루 5분, 나를 바꾸는 긍정훈련 - 행복에너지』는 '긍정훈련' 과정을 통해 삶을 업
그레이드하고 행복을 찾아 나설 것을 독자에게 독려한다.
긍정훈련 과정은 [예행연습] [워밍업] [실전] [강화] [숨고르기] [마무리] 등 총
6단계로 나뉘어 각 단계별 사례를 바탕으로 독자 스스로가 느끼고 배운 것을 직접
실천할 수 있게 하는 데 그 목적을 두고 있다.
그동안 우리가 숱하게 '긍정하는 방법'에 대해 배워왔으면서도 정작 삶에 적용시키
지 못했던 것은, 머리로만 이해하고 실천으로는 옮기지 않았기 때문이다. 이제
삶을 행복하고 아름답게 가꿀 긍정과의 여정, 그 시작을 책과 함께해 보자.

『하루 5분, 나를 바꾸는 긍정훈련 - 행복에너지』